低 儲けを生み出す

脱所有経営

五味田匡功
GOMITA Masayoshi

日本実業出版社

「脱所有の時代」へのシフト——はじめに

「いま、あなたが所有しているものは何ですか？」

こう聞かれると、多くの人が、不動産（土地、家、マンション）、車などの財産を思い浮かべるのではないでしょうか。

「所有する」とは、「自分のものとして持っている」という意味ですが、「私は道で拾った石ころを所有しています」とはあまり言いません。つまり、「所有」とは、財産・資産のように価値のあるものを持っている場合に使われる言葉です。

また、英語で「所有する」という動詞は「possess（ポゼス）」ですが、この単語の語源を調べると、「土地の所有権を持つ」「居座る」という意味のラテン語から派生しており、もともと「強い」「力（能力）がある」という意味合いを持つ言葉だったようです。

このように、本来「所有」とは、「何らかの力（パワー）を持っていること」を意味し、私たちは、所有＝「正義」（意義ある正しいこと）であると考えてきました。

これまでずっと、所有こそが「力の象徴」であり、より多くのものを所有する人が「力を持った人（権力者）」「勝者」「正義」と考える時代、つまり「所有＝パワー」の時代を私たちは生きてきたのです。しかし、**社会構造や人々の価値観が大きく変化しつつあるいま、「所有＝力（パワー）」の時代から、「所有しないこと」が力（パワー）となる時代、すなわち「脱所有の時代」へと急速にシフトしつつあります。**

これまでは、社内人材が豊富な会社、自社ビルを持っている会社、設備投資に大金をつぎ込み、社内に大量の設備を持っている会社が「いい会社」でした。しかし、いまは違います。「人材はできるだけ社内に抱えずに、アウトソーシングする」「シェアオフィスの活用やリモートワーク導入で、固定費や諸経費のかかるオフィスは持たないようにする」という会社のほうが、「一歩進んでいる会社（先進的な企業）」と見られるようになったのです。こうした動きは、コロナ危機によってさらに加速しました。

また、これまでは、商品を作っては売り、また作っては売るという「売り切り型」ビジネスモデルが主流の時代でした。「大量生産、大量消費」の時代はそれでよかったのですが、そうしたビジネスモデルは終焉を迎えつつあります。したがって、これからの企業は、顧客・ユーザーに所有させない、レンタルサービス、シェアリングサービスなどの「脱売り切り型」ビジネスモデルを展開していく必要があります。

この2つの要素を持つ「脱所有経営」をわかりやすく体系的に解説するために、本書は大きく2つのパートに分けて構成しています。本書は、おもに会社経営に携わっているみなさんを対象に書いていますが、ここでの話は、経営者だけではなく独立を目指すビジネスパーソン、また事業拡大を目指して奮闘しているスモールビジネスオーナー、個人事業主のみなさんにもおおいに役立つ内容になっています。

まずは、「経営資源は自社所有するのが当たり前」「顧客・ユーザーに商品を所有させるのが当たり前」という常識を疑ってみましょう。こうした常識にとらわれていると、あなたの会社・事業は時代の変化に対応できず、「賞味期限切れ」、もっと言えば、ある日急に「突然死」してしまう可能性すらあります。

一方で「脱所有経営」は、憂き目に合わないための防具になるのはもちろん、変化が激しく先の見えない時代に、低リスクでスピーディに儲けを生み出すための大きな武器となるはずです。ぜひ本書を参考に、一日でも早く実践してみてください。

2023年2月

著者　五味田 匡功

Introduction
なぜ、いま「脱所有経営」なのか？

■カレーを作るのに野菜から育てますか？　12
■「脱所有経営」とは、「所有しない」「所有させない」を徹底すること　19
■所有する経営資源を最適化し、ビジネスモデルで儲けを最大化する　24
■自前主義は、高コスト、低スピード、高リスク　28
■「売り切り型」ビジネスモデルが「無理ゲー」になりやすい理由　33
Introduction　まとめ　38

Part 1

「所有する経営資源」を見直して自前主義を抜け出す

Chapter 1 ヒト 「正社員」にこだわらないほうが人材が集まる

■脱所有経営の最終ゴールは「フルアウトソーシング」である 42
■「メンバーシップ型雇用」は儲からない、「ジョブ型雇用」は儲かる 55
■ジョブ型雇用ができない企業に、いい人材は集まらない・定着しない 64
■雇用契約？ 派遣契約？ 「契約形態」の使い分けが大きな鍵となる 69
■ヒトの最適配分を進める「4ステップ」 79
■アウトソーシング、クラウドサービスの活用で業務改善した企業たち 89
Chapter 1 まとめ 96

Chapter 2

モノ 「自社所有」をやめれば利益が増える

■「建物」は値上がりが確定していなければ所有すると必ず損をする 98
■「オフィス」を持つことで、ムダな交通費、水道光熱費、家賃がかかる 103
コラム 「メタバース空間にオフィスを持つ」 109
■「パソコン」を「古くなって買い替える」「もったいないので使う」はどちらも大損する 111
■使っていない時間もコストがかかる「車両」「駐車場」は利益を圧迫する 118
■モノの最適化を進める「4ステップ」 125
Chapter2 まとめ 132

Chapter 3

カネ 「自己資金」「金融機関からの借入」をやめれば時間を買える

■低リスク&スピーディにお金を集める！「脱自己資金」「脱借入」経営のススメ 134
■常識をくつがえす「売るが先、借りるはあと」という発想で新規事業を成功へ導く 140

■ファンをつくりながら資金を集められるクラウドファンディング 148
■新たな経済圏を生み出す？「ＮＦＴ」の活用による資金調達 160
■資金調達と事業を成功に導く「どうやって資金調達するか」の前に考えるべきこととは？ 165
Chapter3 まとめ 172

Chapter 4
情報
「社外のナレッジ・人脈」の活用でレバレッジを効かせる

■多くの会社は「知識・情報不足」のせいで損をしている！ 174
■「適正品質」「適正価格」がわからない場合、どうしたらいいのか？ 188
■「自社でやったほうがクオリティが高い」という過信を捨てよ 195
■「こんなとき、どうすればいいのか？」知識格差が会社の命運を決める 202
■パートナー選びに失敗するとうまくいかないのは、結婚もビジネスも同じ 215
■「人脈」づくりの基本は「先義後利」にあると考えよ 221
Chapter4 まとめ 228

Part 2

「所有させないビジネスモデル」をつくり利益を最大化する

Chapter 5 自社のビジネスモデルの「賞味期限」をチェックする

■いますぐ、ビジネスモデルの「賞味期限」をチェックせよ 232
■「脱売り切り型」ビジネスモデルにシフトしないと命取りに 237
■スマホによる顧客の「DX化」のほうが先に進んでいる 245
■「うちのビジネスモデルは変えられない」と諦めない 250
■これから起業するなら迷わず「売り切り型」以外のビジネスモデルをつくれ 258
Chapter 5 まとめ 266

Chapter 6 「レンタル型」ビジネスモデルのつくり方

■なぜいま「レンタル型」ビジネスモデルが注目されるのか？ 268
■「レンタル型」ビジネスモデルの特徴とメリット&デメリット 279
■固定観念を捨てて「高級品もレンタル商品にできる」と考える 286
■賢いレンタルサービスのつくり方 押さえておくべき「6つのポイント」 293
Chapter6 まとめ 306

Chapter 7 「シェア型」ビジネスモデルのつくり方

■ITの発展で構築しやすくなった「シェア型」ビジネスモデル 308
■「余っている人と、欲しい人とのマッチング」から生まれる新たな価値 317
■自社で抱える「人材」とその「スキル」を外部にシェアして収益を得る 326
■すぐにつくれる！「自社ノウハウ」をコンテンツ化してシェアするビジネスモデル 334

Chapter7　まとめ　344

Chapter 8

「コミュニティ&サブスク型」ビジネスモデルのつくり方

■継続するほど顧客メリットが増大する「コミュニティ&サブスク型」ビジネスモデル　346
■学びとコンテンツが蓄積されていく「ビジネス学習」型コミュニティ　354
■飲食ビジネスの常識を大きく変えたビジネスモデル　366
■「コミュニティ&サブスク型」ビジネスモデルで、「ともに新たな価値を創造していく」　375
Chapter8　まとめ　382

カバーデザイン　井上新八
DTP　一企画

Introduction

なぜ、いま「脱所有経営」なのか？

カレーを作るのに野菜から育てますか？

■まずは「料理」について考える

最初に、みなさんに質問です。

「あなたは家でカレーを作るとき、市販のルウを使って作る派ですか？　それとも、いろいろな香辛料を調合して『スパイスカレー』を作る派ですか？」

料理好きの人、またはカレーにとてもこだわりを持つ人なら、自分なりに香辛料を調合して「スパイスカレー」を作るのでしょうが、おそらくほとんどの人が「市販のルウを使う」と答えるのではないでしょうか。

ではもうひとつ質問です。

「市販のルウを使って、あまり時間をかけずに作ったカレーと、手間ひまかけて作ったスパイスカレー、どちらがより愛情がこもっていると思いますか？」

ここで多少意見が分かれるかもしれませんが、おそらく多くの人が、「市販のルウを使ってても使わなくても、愛情の量には変わりがない」と答えるのではないでしょうか。実際にあなたやあなたの家族が市販のルウで作ったとしても、家族のために一所懸命作ったカレーなら、食べた人は「おいしい！　ありがとう」と、作った人の愛情を感じてくれるはずです。料理は「かけた手間ひまの量＝愛情の量」ではないのです。

もし手間ひまかけて、すべてを手作りの食材で料理するのが愛情だとすれば（手間ひまの量と愛情の量が正比例するなら）、「使う野菜も、自分で育てたものでないと愛情が足りない」ということになってしまいます。

家庭でカレーを作るのに、野菜から育てる人はそうそういないでしょう。

料理と手間ひまの関係について、もうひとつ興味深い話があります。

以前、子どもを連れたある主婦が、スーパーのお惣菜売り場で「ポテトサラダ」を買おうとしたとき、見知らぬ中年男性から「母親なら、ポテトサラダくらい自分で作ったらどうだ」と言われた、という話がネットで話題になりました。実はポテトサラダはそんなに簡単に作れるものではなく、意外に手間ひまがかかることを、その男性は知らなかったのでしょう。ＳＮＳなどで、「ポテサラは、作るのにとても手間ひまがかかる」「じゃがいも、にんじん、玉ねぎ、きゅうり、ハムなど材料費も、スーパーで買うより高くつく」「ポテサラをお店で買うことの、何が悪いの？」という意見が殺到しました。いわゆる「ポテサラ論争」です。

このように、料理は「手間ひまかけて作ったほうがいい」というわけではなく、ポテトサラダのように、手作りするよりスーパーで買うほうが、時間もお金も節約できて、しかもおいしい、という場合があります。

■「自前主義」が本当に正しいのか？

前置きが少し長くなりました。私が問題提起したいのは、

ビジネス、経営においても、いまだに「手間ひまかけて、自分たちが持っている経営資源（ヒト、カネ、モノ、情報）だけで経営をまわすこと」＝「自前主義」が正しいと考える罠にはまっていないか？

ということです。

自前主義は、日本企業に長年にわたり、連綿と受け継がれている旧来型の経営手法ですが、はっきり言って、もはや時代遅れです。にもかかわらず、多くの経営者は、いまだに自前主義を信奉し、自前主義に対して妙なこだわりを持っているように見えます。

「自前主義の経営が、なぜ時代遅れなのか？　ではどうするべきなのか？」については、のちほど多角的な視点でくわしく解説します。

これからの**企業・経営者が生き残っていくためには、「脱自前主義」経営、すなわち「経営資源を、できるだけ所有しない（または、適正化する）」経営が求められます。自社で所有する経営資源を見直して、本当に必要なものだけを所有し、外注やアウトソーシング、クラウドツールを活用する。そうすることで費用対効果を上げて、ビジネスを高速化すべき**なのです。

現代は「ＶＵＣＡ時代」といわれます。

ＶＵＣＡとは、「Volatility（変動性）」「Uncertainty（不確実性）」「Complexity（複雑性）」「Ambiguity（曖昧性）」の頭文字をとった言葉で、ほとんど先が読めない、変動的で不確実、複雑で曖昧な時代という意味です。このＶＵＣＡ時代においては、これまでのような「右肩上がりの感覚の経営は古い」といえます。

１９６０年代から１９９０年代初頭は、日本の人口がどんどん増えていく時代でした。いわゆる「人口ボーナス期」です。人口が増えていけば、たとえば製造業なら、モノを作れば作っただけ、どんどん売れていきます。しかし人口が減ってきている「人口オーナス期」のいまは、以前のように右肩上がりでモノが売れる時代ではありませんし、日本経済全体も右肩上がりではありません。**すべての業界において、「毎年、増収増益していくはず」という考え方は基本的に成り立たなくなっています。**

また、上場企業といえども、この先10年、20年安泰という時代ではありません。変動的で不確実、複雑で曖昧な時代のなかで、いままで通りの発想・感覚で経営していても、安定した売上を立てることはできないのです。

■手間ひまかけずに効率的に収益を生み出す

「脱自前主義」経営の方法については、このあと「ヒト」「カネ」「モノ」「情報」の4つの視点で考えていきますが、なかでも「ヒト（＝人材、雇用）」は重要な要素です。いま、日本では終身雇用のシステムが崩壊しつつあります。働く人の多くはひとつの企業に終身雇用されたいとは思っていませんし、企業側も社員として採用した人間を終身雇用しようとは思っていません。終身雇用システム崩壊の時代において、企業は人材の採用、活用、教育戦略を考え直さないと、この先、経営が立ち行かなくなる可能性があります。

これからはＡＩやロボットに仕事をさせることもできますし、社員、または常駐スタッフとして雇用しなくても、外注、アウトソーシングすれば、ある程度経営できます。外注、アウトソーシング先も遠隔地、場合によっては海外の人や会社ということも珍しくありません。そう考えると、いままでのように「人材を採用・雇用して、毎日事務所に通わせて、管理・マネジメントして教育し、高パフォーマンスを出させる」というやり方が、そもそも時代の流れに合っていないといえます。これからの経営者は、そうしたことを前提に経営を考えるべきです。

企業活動にとって重要なのは、一所懸命働くこと、一所懸命モノを作ることではなく、「いかに効率的に収益を生み出すか」「なるべく手間ひまをかけずに、いかに高い成果を出すか」です。いままで通りに人を雇って、いままで通りに教育し、いままで通りにモノを作って、いままで通りに売る。それでやっと「経常利益率が5％、10％になりました」という経営ではなく、「もっと手間ひまかけずに高い成果を出せないか？　いままでの雇用形態、業務の進め方でいいのか？」を考え直すべきです。

企業の競争環境が大きく変わってきているいま、「ライバル企業はもっと違うやり方をしていないか？」「ほかの会社は、もっとうまいやり方をしているかもしれない」という前提に立って経営する必要があります。冒頭で例に挙げた料理でいえば、「自分で作るより早くできて、安くて、おいしくて、栄養価が高いものがあるのでは？」「お惣菜を買ったほうが、トータルで考えて自分も得して、しかも家族のためになるのでは？」という発想です。
「料理は家庭で手作りするのが当たり前」「仕事も、人に任せず自分たちだけの力でやってこそ、いいものが生まれる」「それが昔からの習慣であり、自前主義＝是である」、という固定観念、幻想を捨ててほしいのです。

これまで続けてきた経営スタイルを、当たり前のように踏襲するのではなく、「このやり方には、はたして意味があるのか？」と、まずは常識を疑ってみる、常識にとらわれた発想を転換するところからスタートしてみてください。

「脱所有経営」とは、「所有しない」「所有させない」を徹底すること

■アップルも「脱所有経営」企業

ここでは実際に、「脱自前主義」経営で成功している企業の例を見てみましょう。

注目してほしいのがGAFA（グーグル、アマゾン、フェイスブック、アップル）です。プラットフォーマーと呼ばれるこれら巨大グローバル企業のなかでも、アップルは「脱自前主義」経営の最たる企業といえます。アップルは自社で生産設備、工場を所有せずに、ほかの会社に自社製品の生産を委託。それにより圧倒的な利益を生み出しているのです。

こうした経営手法を「**ファブレス経営**」と呼びます。ファブレスとは、fabrication facility＝生産設備を、less＝持たないという意味です。

ファブレス経営には、「自社内で生産するのに比べ、安定した品質管理が難しい」「生産

のノウハウが自社に蓄積されない」「機密情報の漏洩リスクがある」などのデメリットもありますが、つぎのような大きなメリットがあります。

- 設備投資など初期投資が不要
- 生産設備と人材を抱えないので、生産にかかわる経営コストを削減できる
- 生産部門での経営資源がかからないので、そのぶん企画・開発・研究などに投資できる
- その都度、最適な工場を選んで生産できるため、市場・顧客ニーズに柔軟に対応できる

アップルのほかにも、スポーツメーカーのナイキがファブレス経営企業として有名です。国内に目を向けると、センサーなどの計測機器の製造メーカーのキーエンス、ゲームメーカーの任天堂、パソコン周辺機器大手のエレコム、ほかにも無印良品、ユニクロなどが代表的なファブレス経営を基本とする企業です。

これらファブレス経営企業は、自社工場は持たないものの、生産委託先企業の設備に投資し、最新機器を導入するなどして、つねに高クオリティの品質を保っているのです。

■顧客に商品やコンテンツを「所有させない」

ここまで、これからの企業は「脱自前主義」経営を目指すべきであると述べてきましたが、本書のテーマである「脱所有経営」には、もうひとつ重要な定義があります。それは、**企業・経営者が自分たちで経営資源を「所有しない」と同時に、自社の顧客やユーザーにも商品やコンテンツを「所有させない」こと**です。

これまで多くの企業は、商品やコンテンツやサービスを作り、それを顧客・ユーザーに買ってもらい、所有または消費してもらうことで売上・利益を生み出してきました。つまり、「売り切り型」のビジネスモデルです。「売り切り型」ビジネスモデルでは、企業は「作って、売る」→「また作って、もう一度売る」を繰り返し、消費者側も「買って、消費する」→「また買って、また消費する」または、「買って所有して、飽きる」→「また買って所有して、また飽きる」を繰り返してきたのです。

しかしいまは、**売り切り型ではなく、商品やサービスを一定期間、定額料金で利用できる「サブスクリプション」サービス、いわゆる「サブスク」が主流になりつつあります。**

近年、サブスクのビジネスモデルが急速に普及したのが、音楽業界です。音楽業界はすでにユーザーに音楽コンテンツをパッケージで所有させることから、サブスク型のビジネスモデルに重心をシフトしているといえます。

インターネットがない時代に、音楽コンテンツをユーザーに届ける方法は、古くはレコード、カセットテープ、CD、MDなどでした。音楽をそれらのパッケージに録音して製造・流通し、店頭で販売するという方法をとってきたのです。

この時代の音楽コンテンツ販売の手法は、「所有させて、飽きさせて、つぎの商品を買わせる」を繰り返す、というものでした。たとえば、「ユーザーが好きなアーティスト、または流行りの楽曲のシングルCDを買う」→「しばらくそのCDを聴くが、そのうち飽きる」→「つぎの新しいシングルCDを買う」→「その後、アルバムのCDが出たらアルバムCDを買う」→「また新しいシングルを出して買わせる」という流れです。

その後、インターネットとスマートフォン（スマホ）の急速な普及とともに、音楽ストリーミングサービスが出てきて、Apple Music、Spotify、LINE MUSICなど、「月額○○円で聴き放題」「広告を我慢すれば無料で聴き放題」というモデルに移行しました。この時点で、音楽業界は、ユーザーに音楽を所有させることを諦めたのです。いまでは多くの人が、サブスクの音楽配信サービスや無料のYouTubeで、聴きたい音楽をパッケージで所有することなく、スマホなどで好きなときに好きなだけ聴いています。

また、Netflix、Hulu、Amazon Primeなどの動画配信サービスも普及し、多くの人たちが月々定額料金で映画やドラマ、アニメなどの動画を観ています。いまやDVDを買って所有する、という人は少数派になっているのではないでしょうか。

「脱所有経営」は、企業側が経営資源を「所有しない」、顧客・ユーザーに商品やコンテンツなどを「所有させない」、の2つを同時に行なうことが重要です。詳細は後述しますが、この2つを徹底することで、最大の効果を発揮するのです。

アップルのように、自社で経営資源を所有せず、しかも顧客・ユーザーに製品やコンテンツ、そのほかのサービスを所有させないビジネスモデルによって、低リスク・高スピードで効率よく儲けを生み出せる。それが「脱所有経営」の神髄なのです。

所有する経営資源を最適化し、ビジネスモデルで儲けを最大化する

■外注・アウトソーシング・クラウドツールを活用する

「脱自前主義」経営において大切なのは、自社で所有する経営資源を見直し、外注やアウトソーシング、クラウドツールの活用で費用対効果を上げて、ビジネスを高速化することだと述べました。この「脱自前主義」経営について、もう少しくわしく紹介していきましょう。

ここで紹介する事例は、すべて私自身が実際に取り組んでいるビジネスモデルです。少々手前味噌になりますが、アウトソーシングやクラウドツールを活用したリアルな事例としてイメージしていただきやすいかと思います。

最初に紹介するのは、「社労士業務」のアウトソーシング、クラウドツール活用モデル

です。私が長年、社労士として仕事をしてきて実感するのが、「社労士のビジネスモデルの弱点は、人材育成に手間がかかり過ぎる」ことです。コンビニの店員なら、おそらく最短1、2週間で一人前のスタッフに育成できるのでしょうが、社労士事務所で若手を雇い、一人前の社労士に育て上げるには最低でも1年はかかります。スピーディかつ効率的に売上・利益を生むビジネスモデルとしては、正直厳しいと言わざるを得ません。

そこで私が考えたのが、顧客企業向けにクラウド上で社労士業務のサポートを行なう、新しいクラウドサービスの展開です。あるシステム会社に独自開発してもらったこのクラウドサービスによって、実際に社労士が動かずとも、顧問先企業の人事・労務担当者にさまざまなサポートを提供できるのです。

このクラウドサービスのうち、労務相談領域に特化した「クラウド型顧問業務支援サービス」では、最新の労務情報の配信や、労務問題についてチャットで相談できる、社労士との過去のやりとりがクラウド上に蓄積されいつでも確認できる、などの機能が搭載されています。

また、「コンサルティングや経営支援をするクラウドサービス」では、顧客が解決したい課題に合わせてマニュアルを用意したり、現状の進捗状況を社労士とリアルタイムで共有したりできる機能を備えています。

顧客はこのクラウドツール上で、そこに書かれているディレクション通りに順番にクリックや入力をして進んでいけば、社内の人事労務体制が整うようにできています。よくスマホゲームを始める前に、数分でＲＰＧ（ロールプレイングゲーム）のような感覚で操作説明してくれる機能があり、簡単に人事労務課題を解決・攻略できるのです。

このツールを使えば、あたかも社労士が対面でアドバイスしてくれるような感覚で、助成金活用、人材育成、人事制度、働き方改革支援、組織図作成、教育設計などのサポートが受けられます。もしわからないことが出てきたら、アウトソーシング先として提携している社労士が答えてくれるので、私や私の社労士事務所のスタッフは何もしなくていい、というビジネスモデルです。

もうひとつ、私が社労士として持っているリソースを活用して企画した、新しいビジネスモデルがあります。それは、士業や経営コンサルタントを対象とした「オンラインサロン」の運営です。このオンラインサロンは、いま市場ニーズの高い「補助金申請業務」のサポートに特化しており、会員向けに、「補助金初心者でも申請ができる仕組み」「セミナーや営業にすぐ使えるツール」「最新の補助金情報」などを提供しています。なかでも、会員のニーズに応じていくつかのメニューを用意している「初心者向け補助金申請業務」のサポートサービスは大変好評で、多くの方々に利用していただいています。

このオンラインサロンは、主宰者として企画や集客は私が行なっていますが、実際の運用自体は社員などのスタッフを抱えることなく、アウトソーシング先のスタッフだけで回しています。最初の企画段階から、アウトソーシング前提、自分で運用業務を抱えない前提のビジネスモデルを構築したのです。

このように、自分で経営資源を抱え込まずに、どんどんアウトソーシングしていけば、さまざまな新しいビジネスを展開できる可能性が無限に広がっていきます。

誤解のないように言っておきますが、「いますぐ所有しているものを捨てて、すべて外注化、アウトソーシングしなさい」と言っているわけではありません。あなたの会社を経営するにあたって、「所有していたほうがよいもの」もあるかもしれません。また、業種業態や企業成長のステージによっても、所有していたほうがよいもの、所有しないほうがよいものは異なってくるでしょう。

大切なのは、「いま所有している経営資源が、本当に、いまの自社にとって所有すべきものか否かを見直して、最適化する」ことです。みなさんも、現在、当たり前のように所有している経営資源をもう一度見直して最適化し、新たなビジネスモデルで儲けを最大化する方法を模索してみてはいかがでしょうか。

自前主義は、高コスト、低スピード、高リスク

■アウトソーシングできない業務はない

ここまで外注、アウトソーシング、クラウドツール活用の事例をいろいろ紹介してきました。ここで、みなさんにもう一度認識してほしいのは、現代のビジネスにおいて、**「自前主義は、高コスト、低スピード、高リスク」になることが多い**、ということです。

冒頭で例に挙げたポテトサラダの話を思い出してください。ポテサラを家で手作りしたら、「スーパーで買うより材料費が高くつき」「時間が何倍もかかり」「プロが作ったものよりおいしくできなかった」ということがあり得ます。つまり、ポテサラを家で作ると、考え方によっては、「高コスト、低スピード、高リスク」となる場合があるのです。

ビジネスも同じです。先ほど紹介したような、私が実際に取り組んでいる新しいビジネ

スモデルを、自前主義で展開していたのでは、人件費を中心にコストも余分にかかり、スピードも遅く、思った通りにいかないリスクが高まります。

もちろん、「脱自前主義」経営が効果を発揮するのは新規ビジネスに限りません。みなさんの会社で、ふだんの日常業務、たとえば事務や営業などの基本業務も、はたしてこのまま自分たちでやっていていいのだろうか、と見直してみるべきです。

事務作業や営業は、それらの業務を代行してくれる会社がたくさんあります。

たとえば、請求書の発行です。スモールビジネスオーナーや個人事業主は、請求書の作成・発行を自分でやっている人が多くいます。やったことがある人ならご存知でしょうが、請求書の作成・発行を自分でやるのは、「絶対に計算ミスなどの間違いがあってはならない」と、とても気をつかいますし、数が多ければ、処理するための時間も相当かかります。

しかし、金融系のウェブサービス提供会社・マネーフォワードの「クラウド請求書」という請求書作成ソフトを使えば、請求書の作成・送付・受取をまとめて管理できます。こうしたツールを使って請求書管理作業をアウトソーシングすれば、大きな作業効率化が図れるのです。

また、IEYASUという会社が運営している無料のクラウド勤怠管理システム「ハーモス勤怠」を使えば、勤怠管理が効率よくこなせます。さらに、テレアポアウトソーシング会社など、さまざまな分野でアウトソーシング、業務代行サービスが増えています。最近では「クロージングやアフターフォロー」などの営業関連業務も代行してくれる会社があります。営業代行サービスをフル活用すれば、社内の営業用人員の極少化にもつながります。

こうして見ていくと、**もはや「アウトソーシングできない業務はない」と言っても過言ではない状況です。**ここで挙げた事務作業を中心とした業務は、小規模の会社では経営者自らがやっている場合も多いですが、**専門の事業者、各業務のプロに任せるほうが、安く、速く、低リスクでできる可能性が高い**といえます。

経理・会計・総務系の事務では、不慣れな人のちょっとしたミスが大きなトラブルにつながることがあります。経理・会計・総務系の事務のことがよくわからない経営者が、それらの業務を自分でやることほど、無謀なことはありません。こうした分野における自前主義は、コスト、スピード、リスクの、どの点から考えても、ほとんどメリットがないので、可能な限りアウトソーシングするべきでしょう。

■仕事の内製化により多くのムダが生じている

雇用契約は、「この場所に、何時から何時までいて仕事してください」という、被雇用者の時間をお金で買う契約です。労働時間を買っているので、当然、その人の生産性を高めるのは雇用側の責任です。したがって、低生産性になるか、高生産性になるかは、雇う側のマネジメント力と、その業務についてどれだけ理解しているかによるところが大きいといえます。つまり、雇う側、マネジメントする側が、その業務についてある程度わかっていないと、被雇用者に高いパフォーマンスを出させるのは無理なのです。

そう考えると、「人材の雇用にそんなに手間ひまがかかるなら、最初からアウトソーシングすればいいのでは？」という結論に行きつくはずです。

また、一般的な事務仕事では、往々にして「決められたタスクをこなしたら時間が余ってしまい、何をしたらいいかわからない」という状況が発生します。これは私自身も若いころ、実際にやっていたことなので、自戒を込めてお話しします。

たとえばある事務スタッフが、その日にやるべきことを17時に終えてしまったとします。定時が18時だとすると、まだ1時間あります。そこで何をするかというと、本来ならしなくてもいい書類のチェックをもう一度しようとか、実際には不必要な管理表を作ろうとか、無理矢理「謎の仕事」を創り出すのです。

みなさんの会社でも、実はやることがなくてひまなのに、忙しいような顔をして時間潰しをしている人はいないでしょうか？　このように、**本来アウトソーシングすればムダがなくなる仕事を内製化していることで、目に見えない多くのムダが発生**します。これが、自前主義の弊害です。雇用すること、人材を抱えることによって大きなムダを生んでいるのです。

「外注したらコストが余分にかかるではないか」と考える人もいるかもしれません。しかし、「内製化すると、外注するよりもトータルで見てコスト（人件費）がよけいにかかる業務」がたくさんあるのです。この「ヒトという経営資源」を見直すことについては、次章でまたくわしく解説します。

ちなみに、できるだけ人を抱えないという発想は、事務担当スタッフや営業担当だけではなく、経営陣においても通じる考え方です。経営陣もアウトソーシング、つまり経営戦略立案に、外部の経営者を「非常勤役員」「社外役員」として入れる発想が必要なのです。そうすることで、経営視点に客観性が生まれ、内部の経営陣だけでやっているとスピードが低下しがちなプロジェクトにおいても、実行性が増します。このあたりについても、第4章でくわしく説明します。

「売り切り型」ビジネスモデルが「無理ゲー」になりやすい理由

■「脱売り切り型」ビジネスモデルが広がっている

先に音楽業界のサブスク型ビジネスモデルについてお話ししましたが、音楽業界だけでなく、**最近さまざまな分野で「脱売り切り型」ビジネスモデルが広がっています。**

たとえば、洋服や家具、車などのサブスクサービスの急増です。洋服なら、月々定額料金で、さまざまなブランドの洋服が借り放題のサブスクサービスがあります。また、家具のサブスクでは、月々定額料金でイスや机、ベッドなどの家具が借り放題のサービスが出てきています。車の場合は、月々定額料金で、さまざまなメーカーの車を借りられるカーリースサービスが注目を集めています。

服も家具も車も、これまでは「所有するのが当たり前」のものでした。しかしいまでは、「必要なときに、自分の好みのものを自由に選んで楽しめる」というユーザーのニーズにもマッチした、サブスクサービス、リース&レンタルサービスが、市場に受け入れられてきているのです。

またサブスクと同時に、「**シェアリングサービス**」も世界的に普及しつつあります。

シェアリングサービスとは、場所や空間、移動手段、モノ、スキル、お金、などを所有せずにシェア（共有）するサービスです。

たとえば、「民泊、カーシェアリング、ライドシェアリング、フリマアプリ、家事代行、クラウドソーシング、クラウドファンディング」などです。カーシェアリングは、カーリースサービスとともに注目を集めているサービスで、住宅街などにあるコインパーキングに停めてある車を、スマホから登録して好きなときに10分200円から300円くらいのチャージで借りられる仕組みです。

今後ますます、サブスクやシェアリングサービスがビジネスモデルの主流になっていくと予測されるいま、企業は、「売り切り型」「所有」を前提としないビジネスモデルを模索して、売上・利益の向上を図ることが求められます。

所有させて、飽きさせて、つぎを買わせるというビジネスモデルは、当然ですが、「顧客・ユーザーに、商品やコンテンツを所有させる」ことでしか成立しません。そうしたビジネスモデルは、モノを所有しなくなりつつある現代において、もはや限界に近いといえます。

最近、日本の「ハクキンカイロ」というベンジン（液体燃料）で発熱するオイル式カイロが、海外で非常に人気です。なぜそんなに人気なのかというと、使い捨てではなく「繰り返し使えるから」です。このハクキンカイロが、いま海外で「クールだ！」と多くの人に売れているのです。

近年SDGsへの注目が高まっていますが、そのなかの「12 つくる責任 つかう責任」は、私たちの生活、消費活動にとって非常に身近なテーマです。それに関連した資源循環、エシカル消費（人・社会・地域・環境に配慮した消費行動）、フードロス削減などの考え方とともに、「ムダを生まない消費」に対する意識の高まりが急速に進んでいます。

現代はモノがあふれる時代であるとともに、大量生産、大量消費、大量廃棄を繰り返す直線型経済から「循環型経済」へのシフトが進んでいる時代です。また、欧米を中心に、「これから世界は、『経済成長』から脱却した、『脱成長社会』にシフトすべきである」という考え方が注目を集めています。

そんな潮流のなかで、「所有させて、飽きさせて売る」という「売り切り型」ビジネスモデルはもはや成り立たない、つまり「無理ゲー（クリアするのが困難なゲーム）」といえます。企業は、そのことをきちんと理解し、「売り切り型」を前提としないビジネスモデルをつくっていく必要があるのです。

■「脱所有経営」は中小企業の生き残り戦略

脱所有経営は、中小企業の生き残り戦略でもあります。

大企業はつねに、顧客が「これはコストパフォーマンスがいい！」と感じる商品を開発し続けています。また大企業は、これからますますサブスク、シェアリングサービスを加速させていくはずです。

中小企業とその経営者が生き残っていくためには、また大企業に対して競争優位性を保つためには、どこかでサブスク、シェアリング、レンタルサービスなどにシフトしていく必要があります。指をくわえていると、大企業にどんどん顧客を持っていかれるでしょう。

大企業に限らず、競合はつぎつぎと新しいビジネスモデルを打ち出してきます。みなさんの会社は、競合が多様な攻め方をしてくるなかで、知恵をしぼって戦っていかなければなりません。いつまでも「売り切り型」ビジネスモデルで勝負していると、気がつけば他社が同じモノをレンタルやシェアリングサービス化、無料化してきて、あなたの会社の存在意義がなくなり、あっという間に潰れてしまうという可能性もおおいにあります。

さて、「脱所有経営」について、基本的な考え方がおわかりいただけたでしょうか？

次章からいよいよ本題に入っていきますが、ここからは大きく2つのパートに分けて「脱所有経営」について説明します。

パート1では、「脱自前主義」経営について、パート2では「脱売り切り型」ビジネスモデルについて解説します。言い方をかえれば、パート1は「経営資源の適正化」について、パート2は「これから目指すべきビジネスモデル」についてです。

ぜひ、経営側視点と顧客・ユーザー視点の2つの視点を持って、「脱所有経営」について理解を深めてください。

Introduction　まとめ

▶自社で所有する経営資源を見直して必要なものだけを所有し、外注やアウトソーシング、クラウドツールを活用することで、ビジネスは高速化する

▶「脱所有経営」とは、企業が経営資源を「所有しない」、顧客・ユーザーに商品やコンテンツなどを「所有させない」、を同時に行なうことである

▶「所有させて、飽きさせて売る」という「売り切り型」ビジネスモデルは、もはや「無理ゲー」である

▶サブスク、シェアリング、レンタルサービスなどにシフトしていかないと、中小企業は大企業に顧客を持っていかれる

▶「売り切り型」ビジネスモデルで勝負していると、他社が同じモノをレンタルやシェアリングサービス化、無料化してきたとき、自社の存在意義がなくなり経営危機に陥る可能性が高い

Part 1

「所有する経営資源」を見直して自前主義を抜け出す

Chapter 1

ヒト
「正社員」にこだわらないほうが人材が集まる

脱所有経営の最終ゴールは「フルアウトソーシング」である

■人材を雇用（所有）する＝是という呪縛からの解放

前章で、「脱所有経営」には2つの要素、「自前主義」経営からの脱却と、「売り切り型」ビジネスモデルからの脱却があると述べました。ここからは、この2つの要素を、それぞれパート1、パート2に分けて考えていきます。パート1のテーマは、「脱自前主義」経営です。

「脱自前主義」経営の目的は、ビジネスを高速化することです。この目的を実現するために、自社で所有する経営資源を見直して、アウトソーシングやクラウドツールなどの活用で費用対効果を上げていきます。見直すべき経営資源は「ヒト、モノ、カネ、情報」の4つです。ここからは1章ごとに、この4つの経営資源にフォーカスして、「脱自前主義」経営の考え方と実践方法を解説していきます。

最初のテーマは「ヒト」です。本章では、ヒト＝人材という経営資源をどう見直すべきかについて、さまざまな事例も取り上げながら考えていきましょう。

「脱自前主義」の観点でヒトを考えるときのポイントは、「アウトソーシング」すなわち「外部人材の活用」です。**ヒトにおける「脱自前主義」経営の最終ゴールは、「可能な限り正社員を雇わず、できるだけすべての業務をフルアウトソーシングすること」**といえます。

「社員を雇わずアウトソーシングしたら、よけいなコストがかかるのでは？」と思う人もいるかもしれません。しかし、目先のコストだけに目を向けていたのでは、「脱自前主義」経営の本当の価値や意義が見えていないことになります。

どういうことか、具体的な数字で説明しましょう。

たとえば、時給1500円の社内スタッフに、給与計算業務をお願いしているとします。その人が給与計算するのに8時間かかっていれば、1500円×8時間＝1万2000円のコストが発生していることになります。この仕事をアウトソーシングして、アウトソーシング先のスタッフが時給2500円だとしても、同じ仕事を3時間で処理できたとしたらどうでしょう？　2500円×3時間＝7500円となり、内製化していたときの1万2000円より少ないコストで済みます。

このように、アウトソーシングすると単価は高いけれども、高いスキルを持ったスタッフが短時間で処理することでトータルコストが下がり、結果お得になるのです。

もうひとつ例を挙げます。在宅勤務で忙しく働いている人が、ウーバーイーツに1000円の昼食の配達を頼んだとします。その人が、ウーバーイーツに頼むことで食事を準備する時間を30分短縮でき、その30分で時給3000円（30分計算で1500円）の仕事ができたとしたら、トータルで考えればお得です。

このように、**アウトソーシング、外注すると「よけいなお金がかかる」と感じることでも、視点を変えてトータルで見ると「得する」**ことが、私たちの仕事や生活のなかにはたくさんあるのです。

前章でも述べたように、「人に任せず自分たちだけの力でやってこそ、いいものが生まれる。それが昔からの習慣であり、自前主義＝是である」という固定観念、思い込みは捨てるべきです。多くの業務において、経営資源を所有する自前主義は、コスト、スピード、リスクの、どの面で見ても、ほとんどメリットがないからです。

多くの企業や経営者はいまだに「社員としてできるだけ多くのヒトを雇用することが事業拡大の証である」「できるだけ多くの人材を雇用（＝所有）しなければ企業としての成長

はない」と思い込んでいます。そうした「所有することが是である」という思い込み＝「呪縛」から解放されない限り、ビジネスの高速化と売上・利益の向上は実現できません。

■アウトソーシングに向いている仕事、向かない仕事

冒頭で、「脱自前主義」経営の最終ゴールは、「できるだけすべての業務をフルアウトソーシングすること」と言いましたが、それはあくまでも理想形です。業界や会社、職種や業務内容によってアウトソーシングに向く、向かないがあるので、その点も基礎知識として知っておきましょう。

まず業界別で見ると、**アウトソーシングに向いている**（相性のいい）**業界・業種は「IT関連事業」「製造・販売業」「店舗型ビジネス**（実店舗運営しているサービス業・飲食業など）**」**です。これらの事業がアウトソーシングに向いている大きな理由は、システム化しやすい業務が多いからです。

つぎに、業務別に見てみましょう。会社や業種・業態にもよりますが、以下は一般的に、アウトソーシングできる（向いている）とされる業務です。

●採用、人事（応募情報管理、説明会開催、給与計算、労務管理、研修の運営など）
●秘書（スケジュール管理、資料作成、会議や会食の準備・調整など）
●経理（記帳業務、決算書作成、税務申告など）
●総務（施設・文書管理、電話・メール・来客対応など）
●その他一般事務（書類作成・管理、データ入力など）
●製造業（設計、組立て、加工、流通など）
●販売業（提案書作成、顧客対応、納品、アフターフォローなど）

一方、一般的にアウトソーシングができない（向かない）とされる業務はつぎのような業務です。

●企画立案に関わる業務（経営戦略、組織改革、商品開発など）
●重要な判断が必要な業務（法務関連業務など）
●資格が必要な業務（士業の独占業務など）

こうして見てみると、**アウトソーシングに向いている業務は、人事、経理、総務などいわゆるバックオフィス業務、システム化しやすい業務**といえます。また、別の言い方をすれば、「これをインプットすれば、確実にこういう形でアウトプットされる」ということが明確になっている業務、つまり「明確な答えがある業務」です。

反対に**アウトソーシングに向かない業務は、業法上、アウトソーシングができない士業など、また、経営戦略・企画、マーケティング企画、プロデュースなどの業務、**「明確な答えがない業務」「決断における選択肢が多い、または、どんな選択肢があるかわからない業務」です。

このように、仕事にはアウトソーシングに向くもの、向かないものがあることを認識したうえで、外部に委託できる業務を可能な限りアウトソーシングしていくことが、「脱自前主義」経営のポイントです。ただし、いきなりすべての業務をアウトソーシングするのは、あまり現実的ではありません。くわしくは後述しますが、**まずは社内業務を棚卸しして、一部業務を内製化、一部業務をアウトソーシングするなど、段階を踏んでアウトソーシングへのシフトを進めていくのがお勧め**です。業務全体をいったんセパレート（分離）したあと、ハーフ＆ハーフで併用していく、といったイメージです。

■「人材育成がネックになる仕事」はアウトソーシングで事業拡大できる

ここからは、ヒトという経営資源の見直し方法や、「雇用」から「部分的アウトソーシング」、最終的に「フルアウトソーシング」へとシフトしていくときの課題と対応策を解説していきます。

本題に入る前に、まずは具体的なアウトソーシングの事例を紹介します。前章で紹介した、私の社労士事務所のアウトソーシング事例を、よりくわしくご説明します。

前述したように、社労士業務をビジネスとして考えたとき、弱点は、「人材育成に手間がかかり過ぎる」ことです。社労士事務所で若手スタッフを一人前の社労士に育て上げるには最低でも1年、場合によっては2、3年かかります。したがって、短期間で事業を成長させようと思っても、そこにはどうしても限界があるのです。

そうした問題を払拭するため、私の社労士法人では、「独立している外部社労士に、顧問先ごと全業務を任せる」というフルアウトソーシングを行なっています。これは、私の社労士法人と顧客と外部社労士とで「三者間契約」を結び、顧客対応の手法や業務範囲などにおいて、基本的に私の事務所と同じやり方、同じ金額で外部社労士に業務を行なってもらう、というものです。

私の事務所は顧問料の何割かをもらいつつ、基本的に当該業務にはノータッチです。現在、契約している外部社労士は7名ほどですが、この仕組みを導入することによって、外部社労士1名に対し、約30社の新規顧客を獲得できています。

こうした形をとることで、顧客は豊富な経験と高度なスキルを持った社労士から、満足のいくサービスを受けられます。私の事務所としても、時間とお金をかけて人材を採用・教育し、定着させるというプロセスを経て社労士を育成することなく、着実に事業拡大ができるというわけです。今後も外注社労士との契約を増やし、直接雇用は減らしていこうと考えています。

企業が事業拡大しようと思ったら、通常は「人材の雇用を増やして、社内にどんどん社員を中心とした人材を増やしていく」という方向性で考えます。そのほうが、対外的に見栄えもよく、「あの会社、順調に成長しているな」と思われるでしょう。しかし、ここで紹介した社労士業務のアウトソーシング例のように、人材採用・育成・定着に手間ひまをかけず、フルアウトソーシングしてしまうほうが、外側からは事業拡大しているようには見えなくても、実は短期間でスピーディに事業拡大している、ということがよくあります。事業拡大において人材育成がネックになる仕事は、アウトソーシングすることによって、新たな道が開けるのです。

ここで、「こうしたフルアウトソーシングによる事業拡大は、社労士業務だから可能なのでは？」と思う人がいるかもしれませんが、そんなことはありません。序章でも少し述べたように、私はほかにもいくつかの事業を展開しており、そのなかのひとつに飲食店経営があります。

現在、複数の飲食店を経営していますが、私は飲食店経営に関しては「素人」です。そんな私が、なぜ飲食店経営ができているかというと、資金管理や集客など一部のコア業務をのぞき、基本的な店舗運営（メニュー開発、クレーム対応、会計諸業務など含め）、スタッフ教育など、ほぼすべての業務をアウトソーシング先の会社に一任しているからです。

一任しているといっても、経営者としての管理責任はもちろん私にあります。会計を含めた店舗オペレーションのフルアウトソーシングには、「着服などの不正が発生する可能性がある」「不適切な接客をしていてもわからない」などのリスクがともないます。そこで、定期的な顧客アンケートやヒアリングなどを通じて、つねにリスク管理を行なっています。ちなみにアウトソーシング先の選定にあたっては、「業務全般で、一定・安定したサービス品質を確保できるか」「報連相（情報共有）がしっかりできる会社か」という基本的なことが重要なチェックポイントです。

アウトソーシングのメリットは、コストパフォーマンスの向上、生産性のアップだけではありません。**自分の専門分野、得意分野でなくても、アウトソーシングによって新たなビジネスチャンスをつかめる可能性がある**ことも覚えておいてください。

■「人の頭数の分だけ売上が増えるビジネス」はアウトソーシング

先ほど、「人材育成がネックになる仕事はアウトソーシングするべき」と述べました。この視点はアウトソーシングの検討において非常に重要なポイントなので、もう少しくわしく解説しておきます。

先に、「アウトソーシングに向いている仕事、向いていない仕事」について整理して説明しました（45ページ参照）。「脱自前主義」経営では、「アウトソーシングを検討すべき仕事」という視点で考えることも重要です。社労士のような「人材育成がネックになる仕事」が、すなわち「アウトソーシングを検討すべき仕事」です。

さらに、もうひとつ別の重要な視点は、**「人（社員、従業員）の頭数の分だけ売上が増えるビジネスは、アウトソーシングを検討したほうがいい」**ということです。「人の頭数の分だけ売上が増えるビジネス」とはどのようなビジネスでしょうか？

先ほど、私の社労士事務所ではフルアウトソーシングによって、「外部社労士1名に対し、約30社の新規顧客を獲得できている」と言いました。つまり、社労士業務は、典型的な「人数×一人あたりの売上＝全体売上」というビジネスモデルで成り立っているのです。これが「人の頭数の分だけ売上が増えるビジネス」です。

こうした事業では、内部で人材を採用・育成して定着させ、定着した分だけしか売上が増えていかないため、短期間でスピーディに売上を向上させるのが非常に困難です。また、せっかく育成した人材が辞めてしまえば、また一から人材を採用し育成しなければなりません。そうしたリスクを回避するためには、人の頭数さえ増やせばスピーディに事業拡大できる可能性を持つ、アウトソーシングを検討すべきなのです。

■「専門性が業界トップレベルでない」ならアウトソーシングする

アウトソーシングの検討において、もうひとつ注目すべきは「専門性」です。

社労士を含む士業がいい例で、社内人材が持っている高い専門性が売上に関係している場合、つまり売上が専門性に依存している場合、その高い専門性を持った人が辞めてしまうと、また高い専門性を持った人材を採用または育成しなければなりません。採用や育成に時間をかけるより、アウトソーシングしてしまったほうが、スピーディに事業を成長させられる可能性が高いでしょう。

ここで、「自社が持つ専門性を外部に頼ってしまったら、差別化戦略に影響するのでは？」

と思う人がいるかもしれません。また、「自社が持つ専門性は自社の強みや独自性につながり、場合によっては自社のコアなノウハウとなるはず。それをアウトソーシングしてしまったら、競争優位性が低下するのでは？」と思う人もいるでしょう。

しかし、私はそう考えません。「自社が専門性をつねに業界トップレベル、しかも時代の変化に対応した最新の状態にキープできるのならば、その専門性を社内に保持しておくべき。そうでなければアウトソーシングすべき」というのが私の考えです。

これだけ変化が激しい時代に、**自社が持つ専門性がかなりの強み＝競争優位性となるほど最新かつ高度なレベルに保てないのであれば、その専門性を自社内に所有することにこだわる必要・意味はない**と考えるからです。

アウトソーシングと企業の競争優位性の関係性について考えるとき、「情報収集力」も重要なポイントになります。これについては第4章でくわしく考察しますが、競争優位性を保つための経営戦略立案のベースは、情報収集です。そして、正しい情報を選択し、PDCAを回しながら経営します。ここで、そもそも収集した情報が間違っていたら、正しい経営戦略を立てられません。

社内すべての部署において、「情報の収集→適正な情報の選択→適正な経営戦略の立案」という流れを実現し完遂できるのか、を自問してみてください。もし答えが「イエス」ならば内製化に軸を置いた経営でもいいかもしれませんが、もし「ノー」なら、アウトソーシングを中心とした経営に切り替えるべきです。外部の高いスキルと専門性を持った人材が、適正な情報収集と適正な情報の選択をもとに、クオリティの高い仕事をしてくれるからです。

ここまでの話で、アウトソーシングを検討することの重要性と、アウトソーシングの実践における重要ポイントが理解できたと思います。

ここからは、「ヒトの脱所有経営」についてさらにくわしく解説・考察していきますが、アウトソーシングを成功に導くためには、ある「仕組み」が重要となります。それは、「誰が、何を、いつまでに、どのようにするか」が明確に決まっていることです。この、「誰が、何を、いつまでに、どのようにするか」を明確にして仕事を依頼する方法は「ジョブ型（ジョブ型雇用）」と呼ばれますが、これは、このあとくわしく解説する「ヒトの脱自前主義」を進めるうえで、非常に重要なキーワードとなりますので、ぜひ覚えておいてください。

「メンバーシップ型雇用」は儲からない、「ジョブ型雇用」は儲かる

■「正規雇用か、非正規雇用か」よりも大切なもの

ここからは、先ほど触れた「ジョブ型（ジョブ型雇用）」という考え方と、その対極にある「メンバーシップ型（メンバーシップ型雇用）」について順を追って解説していきます。

雇用形態には、正社員、契約・嘱託社員、派遣社員、パート・アルバイトなどさまざまな形があることは、当然みなさんもご存知でしょう。正社員として雇用することを「正規雇用」、それ以外を「非正規雇用」と呼びますが、本書でフォーカスしたいのは、正規か非正規かという点ではなく、「メンバーシップ型雇用」か「ジョブ型雇用」かです。この**「メンバーシップ型雇用」「ジョブ型雇用」を、どう選択・導入するかが、「脱所有」「脱自前主義」経営の成否を分ける**からです。

最初に結論を述べましょう。「ヒトの脱自前主義」経営を成功に導くためには、つぎのような考え方で人材活用を進めていくべきです。

①　ヒトはできるだけ「雇用（＝所有）」せず、業務は基本的に「アウトソーシング」する
②　どうしてもヒトを「雇用」しなければならない場合は、「メンバーシップ型雇用」ではなく「ジョブ型雇用」にする
③　フルアウトソーシングこそが、究極の「ジョブ型」である

つまり、これからの経営は「メンバーシップ型から脱却して、ジョブ型にシフトする」ことが重要です。内製化とアウトソーシングについては、ケースバイケースで併用せざるを得ないでしょうが、「メンバーシップ型かジョブ型か？」「この2つをどう使い分ければいいのか？」と問われれば、「内製業務も含め、すべての業務はジョブ型にすべき」というのが本書における答えです。ここから先は、このことを頭に置いて読み進めてください。

まず、「メンバーシップ型雇用」と「ジョブ型雇用」の特徴や違いを簡単に説明します。

メンバーシップ型雇用とは、企業などが勤務地や職務内容などを限定することなく人材を採用し、長期にわたって雇用する方式です。その代表的なものが、新卒の一括採用です。

●メンバーシップ雇用とジョブ型雇用●

メンバーシップ雇用	ジョブ型雇用
✔ 新卒の一括採用 ✔ 終身雇用や年功序列賃金 ✔ 雇った人材を長い目で見て「育てる」「教育する」 ✔ ヒトに仕事を割り振っていく	✔ 異動や転勤はなし ✔ 職務内容や役割、または成果によって評価 ✔ 仕事に人を割り振っていく

正社員として雇用された人は、場合によっては会社の指示で部署間の異動や転勤などをしなくてはなりません。メンバーシップ型雇用は、終身雇用や年功序列賃金などに象徴される、日本型雇用システムといってもいいでしょう。

メンバーシップ型雇用は、基本的に「長期雇用」が前提です。したがって、企業側は、雇った人材を長い目で見て「育てる」「教育する」という意識を持っています。雇われる側も、長く働くなかで、いろいろな分野で少しずつ自分の専門性を磨いていく、というスタンスで働きます。「就職」というより「就社」という言葉が当てはまるのがメンバーシップ型雇用です。

一方、**ジョブ型雇用**とは、企業などがあらかじめ勤務地や職務内容などの条件を明確化して契約を結ぶ雇用方式です。メンバーシップ型雇用のように異動や転勤はありません。被雇用者はその契約の範囲内のみで働き、労働時間ではなく、職務内容や役割、または成果によって評価されます。

メンバーシップ型雇用が「ヒトに仕事を割り振っていく」のに対し、ジョブ型雇用は「仕事にヒトを割り振っていく」雇用方式といえます。また言い方を変えれば、メンバーシップ型雇用は、「会社にマッチする人材」を採用・雇用するのに対し、ジョブ型雇用は、「仕事内容にマッチする人材」を採用・雇用する手法ともいえます。ジョブ型雇用は、欧米の企業では一般的な雇用方式です。

最近国内では、ジョブ型雇用に大きな注目が集まっており、メンバーシップ型雇用からジョブ型雇用へ移行する企業も増えています。

その要因のひとつに、新型コロナウイルス感染症の影響によるリモートワークの増加があります。ジョブ型雇用では「成果」が重視されるため、リモートワーク下においても評価がしやすく、ジョブ型雇用との相性がいいといえます。

くわえて、DX（デジタルトランスフォーメーション）の推進も、ジョブ型雇用の導入をあと押ししています。DXに必要とされる高いスキルや専門性を持った人材を確保するためには、仕事に求めるスキルや業務領域を明確にしたうえで雇用するほうが効果的だからです。

■「メンバーシップ型雇用」「ジョブ型雇用」のメリット・デメリット

●「企業側」から見たメリット・デメリット●

	メンバーシップ雇用	ジョブ型雇用
メリット	✔ 会社側の都合で従業員の職務や就労条件を変更できる ✔ 組織内のチームワークを強化できる ✔ 長期的にじっくりと人材育成ができる	✔ 専門分野に強い人材を採用・育成しやすい ✔ 一人ひとりの役割が明確で評価しやすい ✔ 各人のスキルに合わせた給与設定がしやすい
デメリット	✔ 成果を出せない従業員に、高い給与を支払わなければならない場合がある ✔ 特定分野のスペシャリストを育成しにくい ✔ 業務管理、評価に手間がかかる	✔ 会社側の都合で転勤・異動させられない ✔ 条件のよりよい会社に転職されやすい ✔ さまざまな業務・分野に対応できるゼネラリストを育てにくい

メンバーシップ型雇用とジョブ型雇用には、企業側にとっても、また雇われる側にとってもメリットとデメリットがあります。まずは企業側にとってのメリットとデメリットを見てみましょう。

　メンバーシップ型雇用の企業にとってのメリットは、「会社側の都合で従業員の職務や就労条件を変更できる」「組織内のチームワークを強化できる」「長期的にじっくりと人材育成ができる」などです。

　デメリットは、「成果を出せない従業員に、高い給与を支払わなければならない場合がある」「特定分野のスペシャリストを育成しにくい」「業務管理（マネジメントや教育）、評価（人事考課）に手間がかかる」などです。

ジョブ型雇用のメリットは、「専門分野に強い人材を採用・育成しやすい」「一人ひとりの役割が明確で、評価しやすい」「各人のスキルに合わせた給与設定がしやすい」などです。デメリットは、「会社側の都合で転勤・異動させられない」「より条件のいい会社に転職されやすい」「さまざまな業務・分野に対応できるゼネラリストを育てにくい」などです。

■脱所有経営を実現するなら「ジョブ型雇用」

このように、メンバーシップ型雇用とジョブ型雇用にはそれぞれメリットとデメリットがありますが、**「脱所有経営」の観点からすると、「メンバーシップ型雇用からジョブ型雇用へのシフト」を進めるべきです。**正確には、「正社員を中心とした、旧来型のメンバーシップ型から、ジョブ型の人材活用方法へのシフト」と言うべきかもしれません。その理由をひと言で言えば、「メンバーシップ型雇用からジョブ型雇用へ移行すれば、企業の売上・利益が向上する可能性が高いから」です。

なぜ、ジョブ型雇用のほうが売上・利益が向上しやすいのでしょうか？　それは、前述したように、メンバーシップ型雇用よりもジョブ型雇用のほうが「誰が、何を、いつまでに、どのようにするか」が明確に決まっているからです。それらが明確に決まっていないと、当然、仕事の効率や生産性が下がり、ムダや損を生み出すリスクが高まります。それらが明確に決まっていれば、ムダや損が生まれにくいので儲けを出しやすくなります。

メンバーシップ型雇用をメインにしている企業でも、「うちは、誰が、何を、いつまでに、どのようにするかが明確に決まっている」というところもあるでしょう。もちろん、メンバーシップ型雇用であっても、それらが明確になっていれば問題はないかもしれません。実際には、私の経験上、メンバーシップ型雇用を取り入れている企業の多くが、ジョブ型雇用の会社に比べて、その点が不明瞭なことが多いのです。

そうなると、重大な問題が起こる可能性が高まります。たとえば、メンバーシップ型雇用の会社に所属していて、毎日電車で通勤している人をイメージしてみてください。彼らは、基本的に「何時から何時までこの就業場所にいて仕事をしてください」という契約に従って働いています。これはやや極論になるかもしれませんが、「とりあえず、この時間にこの場所に集まって、それからみんなで役割分担して仕事しよう」という働き方です。

こうした雇用契約だと、場合によっては、「一応会社に来たけれど、さて、今日は何をしようかな」というところから1日が始まるケースもあります。その人は、会社のデスクにいたとしても、時間をムダに過ごしてしまうかもしれません。これは少し極端な例ですが、メンバーシップ型雇用では、実際にこのようなことが起こり得ます。つまり、「管理者の指揮命令」がしっかりしていないと、生産性が低下してしまうのです。ここに、メンバーシップ型雇用の問題点があります。

こうしたリスクを持つメンバーシップ型雇用に比べ、あらかじめ「誰が、何を、いつまでに、どのようにするか」が決まっているジョブ型雇用では、管理者の現場での指揮命令力（＝マネジメント力）はあまり問われませんし、当然、仕事の効率や生産性もアップします。

■いま一度、雇用のあり方について検討する

あなたの会社がメンバーシップ型雇用を導入しているのであれば、もう一度、「はたしてこのままメンバーシップ型でいいのか？」「ジョブ型に切り替えたほうがいいのではないか？」と再考してみてください。

アウトソーシング、クラウドツールの活用による脱所有経営のファーストステップは、まず「自社の雇用形態をあらためて見直す」ことです。そのうえで、「究極のジョブ型経営」というべきアウトソーシングを進めていくことが大切です。

ちなみに、よく「外注」と「アウトソーシング」を同じ意味で使っている人がいますが、両者の意味は異なります。外注は「特定の業務や納品物の製作を外部の業者などに発注す

ること」ですが、アウトソーシングは単なる外注（業務代行）ではなく「業務の一部を一括して外部企業や専門家に任せる経営手法」です。外注の目的がおもに「コスト削減」なのに対し、アウトソーシングの目的は「外部リソース（ヒト・モノ・金）を有効活用して、より大きな成果を生み出すこと」「企業がコア業務に集中できるようにすること」です。

外注、アウトソーシングを進める具体的な手法やステップについてはのちほど解説しますが、ヒトの「脱自前主義」においては、「現状のまま内製化しておいたほうがいい部分はどこか」「外注、アウトソーシングすべき部分はどこか」を冷静に見極めることが重要です。そのうえで、内製化すべき部分を極小化し、アウトソーシングする範囲を拡大していくと、人材活用においてムダがなくなり、おのずと利益が最大化します。

また、**ヒトの所有＝雇用契約においては、「時間あたりのコストパフォーマンス」という概念が、きわめて重要**です。時間あたりのコスパが上がれば、継続的に生産性が向上し、儲かる仕組みが構築できます。

雇用契約は基本的に「労働時間を買う契約」です。買った労働時間をコスパよく使うためには、「誰にどんな業務をどれくらいの時間でやらせるか」という指揮命令の仕組みと、「それによってどれだけの成果が生まれるのか」が高度に設計できているかどうかが鍵を握ります。それができないのであれば、ヒトを雇用せずアウトソーシングするべきでしょう。

ジョブ型雇用ができない企業に、いい人材は集まらない・定着しない

■ジョブ型雇用は働く側にもメリットがある

先ほど、ジョブ型雇用の企業にとってのメリットをいくつか紹介しました。他方、ジョブ型雇用は、働く側にとってもさまざまなメリットがあります。

たとえば、「自分の得意分野の業務に専念できる」「専門職の仕事に集中できるので、スキルを磨きやすい」「スキルを伸ばせば、報酬アップが望める」「自分のライフスタイルに合わせた働き方（リモートワークなど）ができる場合が多い」などです。「長期雇用の保証がない」「自分でスキルを磨かなければいけない」などのデメリットもありますが、こうしたメリットがあるため、企業側同様、働く側のジョブ型雇用への注目度も高まっています。

企業は、いま雇用市場がジョブ型雇用にシフトしつつあり、就労希望者のジョブ型雇用に対するニーズが高まっていることを認識しておかないと、企業として命取りになる危険

性があります。**これからは、「ジョブ型雇用ができない企業に、いい人材は集まらない・定着しない」可能性が高い**からです。

その理由を理解するために、実際に、ジョブ型雇用によって優秀な人材を確保でき、成功している企業の例を紹介します。


ジョブ型雇用に特化した経営でいま注目を集めている企業が、オンライン事務・経理代行サービスを提供しているBizMowです。同社では、顧客企業から事務や経理の仕事を受託して、各業務を事務・経理のプロフェッショナル人材に割り振るシステムで急成長しています。

同社は社員の95％以上が女性（その大半が子育て中のママ）です。9割以上が在宅勤務ですが、クラウドワークスやランサーズのようなクラウドソーシングサービス提供会社とは異なります。つまり、登録制（＝外注契約）ではなく自社雇用（＝社員契約）なのです。最初は契約社員として入社し、ワークスタイルが合っていると感じたら、正社員になれる制度も取り入れています。

ちなみに同社は、イギリスのフィナンシャル・タイムズ紙とドイツのスタティスタ社が共同で実施した「High-Growth Companies Asia-Pacific 2022（アジア太平洋地域における急成長企業ランキング２０２２）」において、５００社中２９３位にランクインし、国内外で大きな注目を集めています。

BizMowのようなオンラインアシスタント会社は、一般的に採用基準が非常に厳しく、同社も「約200名の応募中から2〜3名」しか採用しません。そのため、高いスキルを持った非常に優秀な社員を確保できていることが、顧客企業への売りになっています。

同社が、子育て中の働く女性たちから注目を集めている理由のひとつは、「自分のライフスタイルに合わせて、自由に働ける」ことです。事務の場合、勤務時間は10時から18時のうち、実働5時間（1日4時間以上で応相談）です。自宅で仕事ができるので、家庭や育児を大切にしながら働けます。「子どもが急に熱を出した」「午前中は学校の行事がある」という場合でも、会社に相談すれば、就業時間の変更や時間短縮などができます。自己管理ができる人なら、それぞれの生活に合わせて自由に働けるのです。

同社では、「この仕事の、この部分だけやります」「私はこの分野が得意なので、この仕事をこれくらいやらせてください」と言えば割り振ってくれる、ジョブ型雇用システムが確立されています。また、職能が高ければ給与が上がる可能性があり、自分の得意なことに特化した仕事なので、本人のやる気次第でスキルアップもできます。

いま、「自分の生活スタイルに合わせて自由に稼ぎたい。キャリアも積みたい」と思っている女性たちの多くが、このような「ジョブ型雇用の会社で働きたい」と考えています。同社のようにジョブ型雇用に特化している企業はまだ多くありませんが、一人ひとりの業務内容が明確なジョブ型雇用へのニーズが急速に高まっているのです。そう考えると、企業側は遅かれ早かれ、ジョブ型雇用にシフトしていかざるを得ないでしょう。

■働く側は「転職を前提としたキャリア構築」を望んでいる

もうひとつ、「働く側のニーズ」として押さえておくべきポイントがあります。それは、**近年多くの人が、「転職を前提としたキャリア構築」を望んでいる**ことです。いま、「転職しないつもりで就職する人」は減少傾向にあり、「転職が当たり前」の世の中になっています。就職情報会社のディスコが２０２２年2月に実施した調査によると、「転職を検討している入社1年目の社員は約４割」だそうです。また、転職サイトのリクナビが調査したた「転職経験の有無についてのアンケート」では、転職活動へのアクションを起こしたことがある人は、20代、30代で「6割」を超えています。**企業側は大前提として、「採用しても、その多くが転職する」という認識を持っておく必要がある**のです。

そこで重要になってくるのが、採用における企業側の姿勢です。**企業は就職希望者に対**

して、**「あなたが数年後に転職したとしても、あなたのキャリアにとって役立つスキルを身につけられる環境が、わが社にはあります」と言えることが重要**なのです。

大学生や20代の、熱心で優秀な就職希望者の企業に対する目は、いまとてもシビアです。キャリア構築におけるメリットを明確に提示できない企業に対して、彼らは「この会社で働いても自分のキャリアアップにつながらないので、入る意味がない」と感じてしまいます。

企業は若者層の就職希望者にとって、いまや「大学」に近い存在になりつつあるのかもしれません。つまり、その会社に3、4年いることを前提としたときに、「そこで何が学べ、何が身につくのか?」「自分のブランド力を高めるためにどう役立つのか?」という観点で企業を見ているのです。したがって、「転職を前提としたキャリア構築」ができない会社には、いい人材が入ってこない可能性が高いのです。仮に入ってきたとしても、その多くは定着しないでしょう。

こうした理由から、企業は正社員雇用、メンバーシップ型雇用にこだわらないほうが、いい人材が集まる確率が高まるといえます。これから、**企業は「就社」という概念のうえに成り立っているメンバーシップ型雇用ではなく、「専門性を生かせて、スキルを磨けて、キャリア構築につながるジョブ型雇用」にシフトせざるを得ない**のではないでしょうか。

雇用契約？　派遣契約？
「契約形態」の使い分けが大きな鍵となる

■「契約形態」を理解する

ここまで、経営資源としてのヒトを、どのように見直したらいいのかを、「メンバーシップ型雇用」「ジョブ型雇用」という観点で考えてきました。ここからは、労働における具体的な契約方法に目を向けつつ、「人材活用」について、もう少し掘り下げて考えてみます。

働き方には、大きく分けて「雇用」と「雇用以外」があります。「雇用」とは、文字通り「賃金を払って人を雇うこと」です。正社員、契約社員、派遣社員、パートタイマー、アルバイトなどがここに含まれます。「雇用以外」は、「仕事ごと、案件ごとに契約して働く」労働形態です。自営業、フリーランサーなどがここに含まれます。

ここで焦点を当てたいのが、企業側と働く側で交わす契約の方法、「契約形態」です。まず、企業など人を雇う側、仕事を依頼する側と、働く側の間にどんな契約形態があるのかを整理しておきましょう。

契約形態は、大きく4つに分けられます。「雇用契約」「派遣契約」「請負契約」「委任／準委任契約」です。各契約形態の定義を整理すると、つぎのようになります。

① 雇用契約：労働者は「一定の就業場所での労働時間」を提供することで、企業などから賃金を受け取れる

② 派遣契約：労働者は派遣会社に雇用され、労働者は派遣会社から、派遣会社は顧客企業から、提供する「労働時間」に対して報酬を受け取れる

③ 請負契約：請負人は「仕事の完成」と引き換えに、企業など（依頼者）から報酬を受け取れる

④ 委任／準委任契約：「断続的な業務処理（法律行為など）」に対し、企業など（依頼者）から一定額の報酬を受け取れる

※委任契約は「法律行為」を委託する契約。準委任契約は「事実行為（事務処理）」を委託する契約

● 4つの契約形態 ●

雇用契約

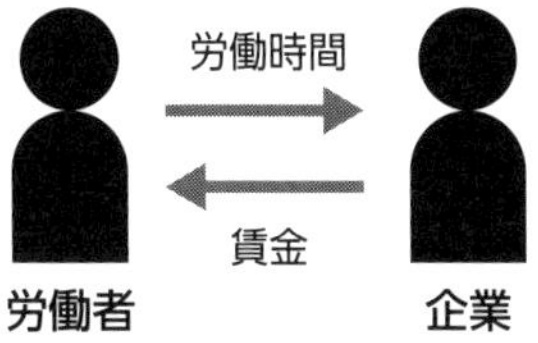

労働者は「一定の就業場所での労働時間を提供し、企業などから賃金を受け取る

派遣契約

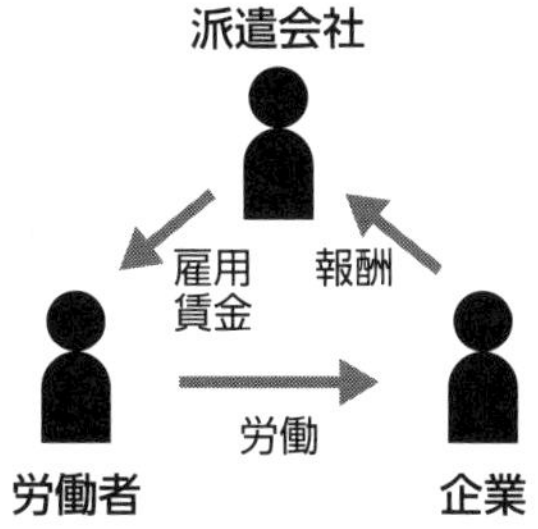

労働者は派遣会社に雇用され、労働者は派遣会社から、派遣会社は顧客企業から、提供する「労働時間」に対して報酬を受け取る

請負契約

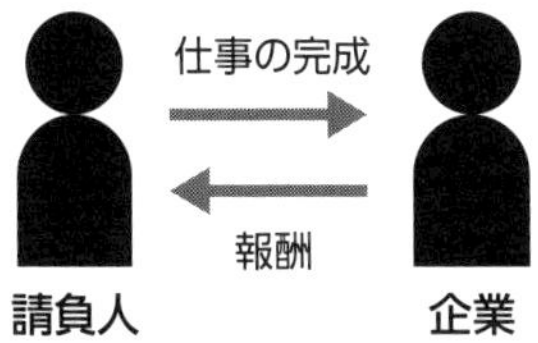

請負人は「仕事の完成」と引き換えに、企業などから報酬を受け取る

委任／準委任契約

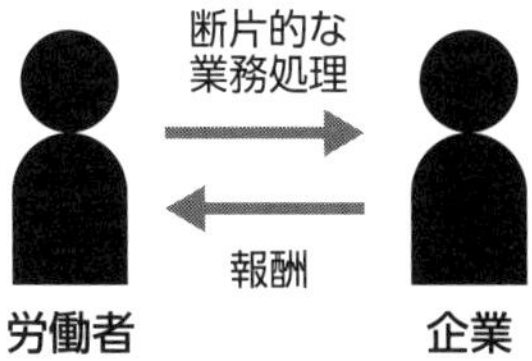

「断続的な業務処理」に対し、企業などから一定額の報酬を受け取る

「雇用契約」と「派遣契約」は、「雇用する（される）」契約スタイルです。「請負契約」と「委任／準委任契約」は、いわゆる「業務委託」と呼ばれるもので、「雇用しない（されない）」契約スタイルです。

4つの契約形態を見てわかるように、企業が就業者とどのような契約を結ぶかは、言いかえれば、**「企業が相手から、何を買うか」**です。**人から「時間」を買うのが雇用契約や派遣契約で、「完成物（成果物）」を買うのが請負契約、「行為」を買うのが委任契約**です。

したがって、企業側は「仕事を頼む人や会社から、何を買うか」によって契約方法の「使い分け」をする必要があります。

■契約形態の特徴・課題

4つの契約形態の特徴や課題をひとつひとつ細かく見ていきましょう。

①　雇用契約

雇用契約はメンバーシップ型雇用の代表格です。仕事内容やその仕事をこなす方法、期間などについて従業員と相談しながら、管理者の指揮命令で柔軟にいろいろな仕事を担当してもらえるのが、雇用契約の利点です。

ただし、この柔軟性が有効に機能するのは、「管理者の指揮命令がしっかりしている」という条件下でのみです。つまり、ジョブ型雇用と同レベルで、「誰が、何を、いつまでに、どのようにするか」が明確化されていて、指導・教育の仕方がよければ、コストパフォーマンスが高まるのです。管理者の指揮命令がしっかりしていないのに、雇用契約でざっくりとした条件下で働かせて、高いコストパフォーマンスを出せることは、まずないでしょう。

したがって、雇用契約においてはマネジメント力、すなわち「管理者の力」が非常に重要です。そして何より、雇用契約で人を雇う場合にまず考えないといけないのは、「その仕事が本当に雇用契約（＝時間を買う契約）でないと回らない業務か」です。

② 派遣契約

派遣契約は、労働者の時間を買うという点では雇用契約と同じですが、雇用契約と異なるのは、メンバーシップ型雇用ではなく、ジョブ型雇用だという点です。

派遣契約では、「誰が、何を、いつまでに、どのようにするか」が明確です。また、ある程度まとまった時間（恒常的な労働時間）を買うのが雇用契約で、「何月から何月まで」「毎週何曜日」といったように、細かく指定した特定の時間（刹那的な労働時間）を買うのが派遣契約ともいえます。
派遣契約は、企業側としては、必要なときに必要な労働力、即戦力を確保するのにとても有効な手段です。また、単純作業を外注するのではなく、「とりあえず会社に来てもらって、仕事のやり方はその場その場で教えるので、相談しながら臨機応変にやってほしい」といった場合に、派遣契約は便利なシステムです。

企業として派遣契約を選択するときのポイントは、雇用契約と同様に、「その仕事は本当に派遣でないと駄目なのか？」を吟味検討することです。実は、企業が派遣会社に依頼している仕事の多くは、④の委任契約／準委任契約にすればコスパよく回せる場合があります。「忙しくて、人手が足りないから」「いい正社員が集まらないから」という理由で、「とりあえず派遣を雇っておくか」という発想で、派遣スタッフを使っている会社が少なくありません。

そのようなことは避け、「この仕事は業務委託契約（請負契約や委任契約）でできないのか？」「アウトソーシングできないのか？」「正社員で吸収できないのか？」と考えてみることが大切です。派遣契約を選択する場合は、そうした「必然性の判断」が重要となります。

③ 請負契約、④ 委任契約／準委任契約

請負契約や委任（準委任）契約は、外注、アウトソーシングする場合の契約形態です。当然、「ここに何時から何時までいて仕事してください」という場所や時間の縛りはできません。また、請負契約では依頼した仕事・案件に関する「完成物（成果物）」を、委任（準委任）契約では「業務処理という行為」を買っているので、仕事を依頼する側は、原則として完成物の作り方や業務処理の方法なども指定できません。

時間を買っている雇用契約の場合、「ちょっと喉が渇いたから、お茶買ってきてもらえないかな？」という依頼をできますが、それができないのが請負契約、委任（準委任）契約です。請負契約、委任契約は正確には「雇用」ではありませんが、広い意味で「ジョブ型雇用」の一種と言ってもいいかもしれません。

したがって、請負契約や委任契約、とくに委任契約においては依頼の仕方、つまり「仕様書の質」が重要になってきます。「こんな内容で、これくらいのクオリティで、いつまでに、こうやって業務処理してください」という依頼内容のクオリティが問われるのです。

このように**各契約形態は、「相手から何を買うか」が異なり、それにともなって、企業側に求められるものも、「管理者の力」「必然性の判断」「仕様書の質」と異なる**点を頭に入れておく必要があります。

ちなみに私の社労士事務所では、雇用契約、派遣契約、請負・委任契約（アウトソーシング）

を、つぎのような基準で使い分けています。

- 雇用契約：顧客対応など「一定品質を保全しながらやっていくべき業務」「時間に縛りがある業務」
- 派遣契約：マニュアル化されている「ルーティン業務」
- 請負、委任契約（アウトソーシング）：「時間に縛りがない業務（日中に対応しなくてもいい業務）」、スタッフ管理や教育の必要がない「まるまる任せてしまっても、確実に完成させてくれる業務」

各雇用形態の特徴・特質をきちんと理解したうえで、「この業務をコストパフォーマンスよくこなすためには、どの雇用形態を選択するのがベストか」を慎重に吟味・検討することをお勧めします。

■企業の成長ステージや状況によって雇用形態を使い分ける

さらに、契約形態の選択においては、「企業の成長ステージや状況によって、適切な雇用形態を使い分ける」ことが重要です。

最近、ベンチャー企業やスタートアップでは、会社設立時には人を雇わず、「最初は委任契約で、必要なものを特定の人に発注する。年商が1億円、2億円になってきた段階で、雇用を始める」という会社が増えています。ひと昔前なら、「会社設立にあたって、まずは人を雇わなければ」と、雇用前提で考える経営者が多かったと思います。その背景には、「インターネットが普及しておらず、リモート会議やリモートワークなどオンラインで仕事ができない時代だった」ということもあります。コミュニケーションを取ろうと思ったら、特定の場所に集まらなければならなかったのです。しかしいまは、雇用契約で人を雇わなくても、最初からジョブ型雇用で経営をスタートさせやすい環境が整っています。

企業にとって、雇用契約がいいのか、派遣契約がいいのか、請負契約にするのか、委任（準委任）契約にするのかは、実際には判断が難しい局面も多いでしょう。ですが、その判断こそが脱所有経営において非常に重要なポイントです。多くの企業がそのあたりをあまりシビアに考えてこなかった、人事部にあまりお金をかけてこなかったところに、いまの日本企業の人材活用における問題点が潜んでいます。

ここまでは、正社員や派遣社員などの被雇用者、自営業者などを対象とした話でしたが、**「企業の経営陣・役員」についても契約形態の見直しをお勧めします。**経営陣にもアウトソーシングの発想、つまり外部の経営者を「非常勤役員」や「社外役員」として入れる発想が重要なのです。

先に述べたように、外部の人間を非常勤役員や社外役員として登用することによって経営視点に客観性が生まれ、内部経営陣だけでやっているとスピードが低下しがちなプロジェクトに「実行性が増す」というメリットがあるからです。

たとえば、みなさんの会社で**外部の経営コンサルタントを雇っているなら、その人に非常勤役員や社外役員になってもらうことを検討**しましょう。外部コンサルタントは身内ではなく、あくまでも「取引先」です。コンサルタントによっては、経営に対して「他人事」という意識で関わっているため、こちらが期待するレベル以上の成果を出してもらえない場合があります。そのコンサルタントに、「月額10万から15万円くらいの役員報酬で役員になってもらえませんか？」と打診して非常勤役員、社外役員になってもらうと、がぜんやる気を発揮してくれる、というのはよくあることです。

外部コンサル以外にも、**他企業の経営者に非常勤役員、外部役員として入ってもらうのもお勧め**です。他社の経営ノウハウや課題解決方法を、うまく自社の経営に生かせられるからです。

外部コンサルや他社の経営者など、優秀な人材を非常勤役員、外部役員として参入させることは、「経営ノウハウと人脈を安く買える、手っ取り早い方法」なのです。

ヒトの最適配分を進める「4ステップ」

■ヒトの最適配分をどうするか？

ここまで、自社で所有する経営資源「ヒト」の見直し方について、雇用方法、契約形態という視点で見てきました。ここからは、実際にどのように見直し作業を進め、アウトソーシングへシフトしていけばいいのか、という具体的な実践方法を解説します。

「脱自前主義」経営では、「いま所有している経営資源が、本当に自社にとって所有すべきものか否かを見直して最適化する＝可能な限り脱所有化を進める」ことが最重要課題です。ヒトにおいても、「メンバーシップ型からジョブ型へのシフト」「雇用からフルアウトソーシングへのシフト」という最適化、人材の最適配分が最終ゴールとなります。

ただし、いま現在「完全にメンバーシップ型雇用」にしている企業が、一足飛びに「ジョブ型雇用」「フルアウトソーシング」に移行するのは困難です。企業規模や成長ステージによってもゴールイメージは変わってくるはずです。社内業務を整理して現状把握したうえで、段階を踏んで移行していくべきでしょう。とくにアウトソーシングについては、「どのような状態が最もコストパフォーマンスがいいか?」を基準に検討し、内製化したほうがいい業務は内製化する、アウトソーシングしたほうがいい業務はアウトソーシングする、という形で改善を進めていくのがお勧めです。

このあと、ヒトの最適配分を段階的に進めていく具体的な方法(アウトソーシングしていくときの流れ)について解説します。最初に私の社労士事務所の例を紹介しましょう。

先に述べたように、社労士業務は「人の頭数の分だけ売上が増えるビジネス」です。私の事務所も例に漏れず、売上や事業成長が社労士の頭数の多さに依存する状態でした。最初は大阪オフィスのみでしたが、その後、東京オフィスを開設するなど順調に事業拡大していましたが、人が辞めてしまうたびに採用・育成・定着させないといけません。「このままではスピード感を持って事業拡大していくのが難しい……」と悩んでいました。

そこで取り組んだのが、アウトソーシングの検討です。さっそく現在の業務の洗い出しをし、アウトソーシングできる業務とできない業務を切り出して整理しました。ここでアウトソーシングできる業務として切り出したのが、業法上、社労士でなくてもできる業務、つまりアウトソーシングしても問題ない「給与計算業務」でした(くわしくは後述します)。

一方、社会保険手続き、雇用保険手続きなどは業法上、社労士の独占業務なので、引き続き内製化せざるを得ませんでした。

さらに踏み込んだアウトソーシングとして検討・実行したのが、前述した「独立している外部社労士に、顧問先ごと全業務を任せる」というフルアウトソーシングです。ちなみに現在は、新人教育も外部社労士にアウトソーシングしています。

こうした取り組みの結果、人材を採用・育成して定着させるという労力をかけずに売上アップを実現でき、社労士事務所の経営がかなり楽になりました。

ここまでが、ざっくりとした「アウトソーシングの流れ」の説明でした。この流れをもう少しくわしく体系立てて解説します。ここで紹介するのは、ヒトの最適配分、アウトソーシングを段階的に進めていくための「4つのステップ」です。4つのステップは、つぎのようなものです。

ステップ1「組織図」の作成
ステップ2「内製化か、外注・アウトソーシングか?」の決定
ステップ3「人か、システム利用か?」の決定
ステップ4「人事制度」の設計・運用

ひとつひとつ順番に見ていきましょう。

ステップ1「組織図」の作成

ファーストステップは、自社の「組織図」を作ることです。ここで**重要なポイントは、「現在の組織図」と「3年後の組織図」の2つを作ること**です。まずは「現在の社内組織がどうなっているのか」を把握し、つぎに、「3年後の組織がどうあってほしいのか、どうあるべきか」の構想を図に描くのです。

左ページ上図の「現在の組織図」のサンプルを見てください。

この会社には2つの事業部、「セールス事業部」と「コンサルティング事業部」があり、Aさんは、セールス事業部の事業部長と、その下にあるセールス課のマネジャーも兼務しています。またBさんは、コンサルティング事業部の事業部長とコンサルティング事業課のマネジャー、さらにその下にあるセクションのリーダーとサブリーダーを兼務しています。

このように、多くの中小企業では、現在の組織図を作ってみると、経営者を含む主要メ

● 現在の組織図 ●

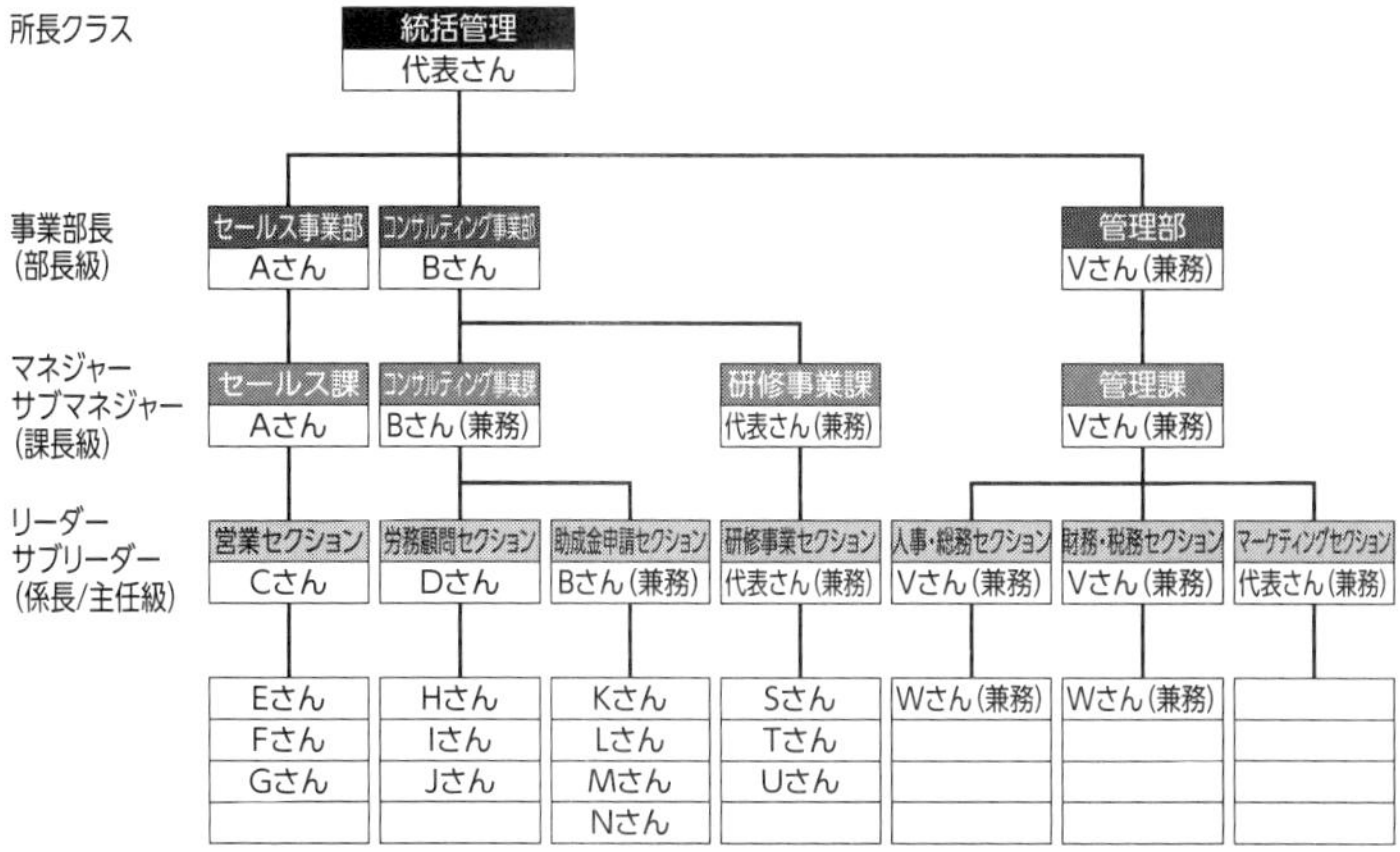

● 3年後の組織図 ●

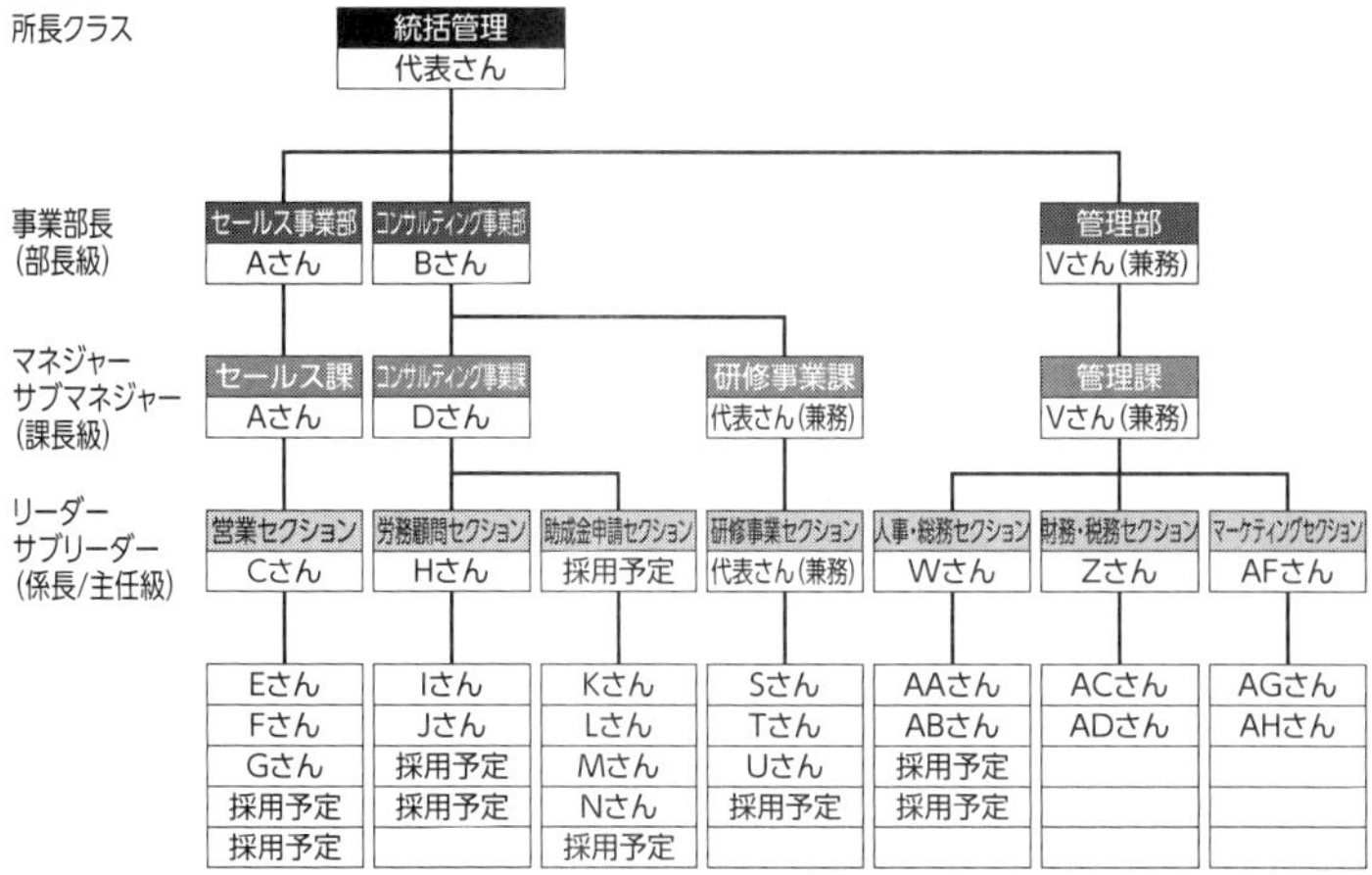

ンバーが多くの管理職を兼務していることがよくあります。部署や役職の兼務が多すぎると、意思決定がスムーズに行なえず、組織がうまく機能しなくなる可能性があるので要注意です。ヒトの最適配分では、「こうした兼務をいかに外していくか」が重要課題です。

そこで「3年後の組織図」では、「できるだけ兼務をなくした状態」のものを作ってみるのです。ここでは、部署の新設や統廃合もあわせて検討すること、担当者の氏名も具体的に記載することがポイントです。

前ページ下図が「3年後の組織図」のサンプルです。ここではAさんとBさんの兼務を減らしています。また、事業部のマネジャーはAさんの部下でリーダー、サブリーダーを務めているCさんを昇進させる代わりに、「採用予定」としています。

ここでは、「Cさんはリーダーはできるけれど、マネジャーにするのは能力的に無理そうなので、新規採用しよう」という判断がなされています。また、「サブリーダーのDさんを昇格させて、リーダーにしよう」「新しい部署・拠点を作ろう」という構想のもと、新組織図を描いています。

このように、まずは現在組織図と未来組織図を作って、ヒトの最適配分を吟味検討するのがステップ1です。ちなみに組織図作成には、「社員に組織構造の理解を促す」「構造を可視化したうえで組織戦略を練る」「指揮命令系統を明確化する」「外部に自社の特徴を発信する」という目的もあります。

ステップ1の作業によって、会社に必要な人員と、最適な配置がどうあるべきかが見えてきます。ちなみに組織図作成時には、事業部長の役割は何か、マネジャー、リーダーの役割は何か、という「役割定義」を書き出して明確化すること、さらに、どの部署でどのような業務が行なわれているかという「業務一覧」を作成することも重要です。

ステップ2「内製化か、外注・アウトソーシングか？」の決定

ステップ1で「現在の組織図」と「3年後の組織図」、そして「役割定義」と「業務一覧」ができたら、それらを見比べながら、「どの部署のどの仕事を内製化、外注・アウトソーシングすべきか」を、ひとつひとつ吟味・検討していきます。

たとえば「経理総務課に人員が4人いる」という場合、まず「この経理総務課をそのまま丸ごとアウトソーシングできないか」を検討します。このときのポイントは「業務一覧」のチェックです。「業務一覧」を見ながら、「この業務をすべてアウトソーシングしても問題ないか」を検討しましょう。そして、アウトソーシングするほうがいいと決断したら、「その代わりに新しい部署を作る」という判断もあり得るのです。

まず組織図と業務一覧を作って人員配置やそれぞれの役割を整理し、この部署のこの仕事は内製化すべきか、それとも外注、アウトソーシングすべきかを判断することを、私た

ちは「**内外判断**」と呼んでいます。この「内外判断」をするのがステップ2です。

ステップ3「人か、システム利用か？」の決定

ステップ2で「内外判断」をしたら、つぎに行なうのは「その業務を人がやるのか、システムを使うのか」の判断です。とくに、どうしても内製化せざるを得ない業務を、「いまのまま人がやるのか、人の代わりに、クラウドツールなどを使うのか」を判断して決定することは重要です。「当然、人がやるもの」と考えずに、「これって、何かオンラインシステムやITツールを使って処理できないかな？」と考えてみるのです。

たとえば、「タイムカードの集計」や「給与計算」などをする総務部を考えてみましょう。まず、現状通り総務部の業務を内製化するならば、いまのまま総務部の社員が手作業でやるのか、勤怠管理システムや給与計算ソフトを使うのかを検討します。そのとき、「どんな基準で選定するのか」がポイントになります。

その判断基準を正確にするためには、「そもそもこの業務内容がどのようなもので、どれくらいの頻度とボリュームがあって、どれくらいのコストをかけてやるべき業務か」が明確になっている必要があります。その部分がブラックボックスになっていると、ステップ3だけでなくステップ2においても適切な判断ができません。ここで、正しく判断する

ために、「誰が、何を、いつまでに、どのようにするかを明確にする」というジョブ型雇用の考え方が重要になってくるのです。

ステップ4「人事制度」の設計・運用

ステップ2と3で「アウトソーシングする」「クラウドツールを活用する」を選択できればベストですが、それができなかった場合はどうすればいいのでしょうか？　その場合は、「引き続き内製化し、しかも人がやる」と決めた業務をきちんと機能させるために、しっかりとした「人事制度」の設計・運用が求められます。それがステップ4です。

「人事制度」の設計・運用では、まず「業務管理（業務マネジメントや教育）」の制度を整える必要があります。業務マネジメントでは、「目指すべき最終的なゴール」であるKGI（Key Goal Indicator／重要目標達成指標）、KGIを達成するための中間目標であるKPI（Key Performance Indicator／主要業績評価指標）、KPIの実現のために行なう施策・行動を計測する数値KDI（Key Do Indicator）などを設定します。

また教育においては、「マネジメント教育（管理者として身につけるべき知識やスキルの教育）」と「職能教育（実務に直接役立つ教育）」の制度を、きちんと整備する必要があります。

業務マネジメントの方法を定義・整備したら、つぎに行なうべきは「評価制度（＝人事考課制度）」の整備です。賞与やインセンティブなどの報酬、昇格・降格や人事配置をどうするかを決めるのです。

「業務管理」「評価（人事考課）」では、その人が何をどうすれば、どれくらいの確率でどんな成果が生まれ、時間あたりのコストパフォーマンスはどれくらいなのか？　最終的にどう売上・利益に結び付くのか？　などを計算して「人事制度」を設計・運用する必要があります。そこまでやって初めて内製化する意味があるのです。

このように「4つのステップ」を踏んで、まずは社内体制や業務の現状を整理・整備することが、「脱自前主義」経営の最終ゴールである「ジョブ型」「フルアウトソーシング」への移行を可能にします。

ジョブ型雇用の特長は、「誰が、何を、いつまでに、どのようにするか」が明確に決まっていることだと説明しました。これにより仕事の効率や生産性が上がり、儲けを生み出しやすくなります。業務を内製化する場合も、このジョブ型雇用の発想が重要です。つまり、ひとつひとつの仕事に対し、「誰が、何を、いつまでに、どのようにするか」を明確に定義し、どのような状態が適正なのかという適正値を明確にするべきなのです。

その適正値が明確になっていない限り、内製化しようがアウトソーシングしようが、生産性を上げて儲けを増やす経営はできません。そこがすべてのスタートラインなのです。

アウトソーシング、クラウドサービスの活用で業務改善した企業たち

ヒトの最適配分を吟味検討した結果、特定の業務を内製化するのもひとつの経営判断です。ただしその場合は、前節で解説した「人事制度」の設計・運用などに多くの時間とコストがかかります。したがって、それが業務改善において適正な選択なら、できるだけアウトソーシング、クラウドサービスなどを活用するべきです。

ちなみに、アウトソーシングには、**BPO**（ビジネス・プロセス・アウトソーシング）と呼ばれる形態があります。BPOは、**従来のアウトソーシングのような「業務タスクの一部の外部委託」ではなく、「業務一式（業務プロセス）を外部委託」すること**です。企業は、業務を外部委託するとき、単にコスト削減を目的とした「外注」にするのか、外部のリソースを有効活用する従来の「アウトソーシング」にするのか、「BPO」にするのかを、よく検討したうえで決める必要があります。

本章の最後に、アウトソーシングやBPO、クラウドサービスの活用が経営改善につながった事例を紹介しておきます。

まずは、私自身の取り組み事例から紹介します。私の社労士法人で行なっているアウトソーシングについては、これまでにいくつか事例紹介してきましたが、ここで紹介するのは、先ほども少し触れた「給与計算業務」のアウトソーシングです。

私の事務所では、社労士の基本業務のひとつである、顧客企業の「給与計算業務」をＲＰＡ（ロボティック・プロセス・オートメーション）処理会社にアウトソーシングしています。

給与計算では、具体的には「勤怠管理タイムカードの集計」「データの取り込み」「計算」「納品物（支給控除一覧、振込データ）の作成」「電子明細発行・送付」などの業務が発生します。

これらをすべてアウトソーシングした結果、それまで当業務にかかっていたトータル「８００時間（月間）」が、１／10の「80時間（月間）」に減りました。また、ＲＰＡ化できない（データ作りに顧客が協力してくれない）給与計算業務「３４０時間（月間）」を、就労移行支援事業所にアウトソーシングして「50時間（月間）」に短縮できました。

こうした業務を自前でやろうとしたら、人を育成し、管理し、成果物のチェックまでやらなければならず、かなりの時間とコストがかかります。それをこうしたアウトソーシング活用によって大幅に業務改善できるのです。

ほかにもアウトソーシングによって業務改善した好例を紹介しましょう。

事例1　日野自動車株式会社

同社の本社総務部では、「担当者がいない時間帯に業務がスムーズに進まない」「担当者が異動するたびに、業務の品質や生産性が著しく低下する」など、業務の属人化が大きな課題となっていた。そこで同社は、総務業務にBPOを導入。業務の標準化、マニュアルの整備、業務システムの導入などを実施し、わずか1か月ほどで、安定的に定型業務を処理するBPOの体制が整った。

事例2　月桂冠株式会社

同社では、退職などによる人材流出によって、「受注業務の安定的な稼働が困難」「引継ぎや新人教育に時間が割かれ、コア業務に専念できない」などの課題を抱えていた。そこで同社は、物流部門の受注業務にBPOを導入。全国の各支店で行なっていた受注業務を1か所に集約し、受注業務の最適化、システム化を実現した。その結果、業務品質が向上し、社員をより付加価値の高い物流企画などの業務に配置できるようになった。

事例3　株式会社LIXIL

建材・住宅設備機器メーカーの同社は、会社統合のさいに「商品問い合わせ対応業務の重複」などの課題を抱えており、コスト面で大きなロスがあった。そこで、同社は商品問い合わせ対応業務にBPOを導入。問い合わせ窓口を一本化し、詳細情報を網羅したデータベースの構築、業務量予測に応じた運用体制の構築などを実施した。その結果、運用コストが30％削減できた。

事例4　株式会社notteco

日本最大級の長距離ライドシェアのプラットフォームを運営する同社では、マーケティングのためのリサーチ作業、海外情報の翻訳作業が大きな負担となっていた。そこで同社は、株式会社ニットが提供するアウトソーシングサービス「HELP YOU」を導入。合格率1％という採用試験を実施した。非常にレベルの高いアシスタントに業務を依頼し、ディレクションの手間が大幅に減少。生産性向上とコスト削減に成功した。とくにコスト面においては、アウトソーシングサービス活用前の30％にまで削減できた。

事例5　株式会社ライフエスコート

インターネット通販のバックオフィス事業などを行なう同社は、設立以来、大手企業を中心にオファーが急増したことで業務多忙となり、コア業務以外の諸業務があと回しになりがちに。そうした状況を改善するため、前述のアウトソーシングサービス「HELP YOU」を導入。顧客に提出するレポートの作成やリサーチ作業、各種集計作業などを依頼した。その結果、それまで当業務に割かれていた時間を納品物作成にあてられるようになり、大幅な工数削減につながった。

事例6　株式会社ミヤモトオレンジガーデン

愛媛県で、温州みかんなど柑橘類の栽培・加工・販売を行なう同社では、生産部門と卸部門で別々の会計処理をしなければならないため、従来の会計ソフトでは対応できず困っていた。そこで、業務効率化とコスト削減のために、誰でも簡単に操作できるクラウド会計ソフト「freee」を導入。それまでの複雑な会計作業を簡易化でき、freee導入後は経理業務の工数が50％まで減少。運用コストも下がり、より効率的な経営ができるようになった。

＊当事例は、「コボット」（ディップ株式会社）、「HELP YOU」（株式会社ニット）のウェブサイトより一部引用しています。

ここで挙げた事例から、アウトソーシングやクラウドサービスの活用が、経営の効率化や生産性向上、コスト削減に有効であることが理解できたと思います。

ここまで読んだ経営者のなかには、「アウトソーシングしろと言われても、やはり人を雇って仕事してもらうほうが、何かとやりやすい」と考える人もいるかもしれません。その場合は、「うちは、こういう理由・根拠があって社内に人を雇っているのだ」と、数値とともに理由を明確に言えなければなりません。もしそれが言えなければ、いまの雇用方法を見直すべきでしょう。戦略なき正社員雇用、戦略なき「自前主義」経営はムダを生みこそすれ、経営にプラスにはならないからです。

企業経営にとって一番よくない状況は、「誰が何をしているのかが、よくわからない」「その仕事を内製化している妥当性がはっきりしない」「その仕事をアウトソーシングした場合のコストも調べていないので、わからない」という状態です。そこを曖昧なまま放置しておくのではなく、ひとつひとつ検証して明確化していくという発想。それが「メンバーシップ型からジョブ型へのシフト」という考え方の原点です。

とくに、起業したての会社や企業規模が急速に拡大しつつある会社は、安易に人材雇用(メンバーシップ型雇用)をしないよう気をつけてください。「忙しいから(忙しくなりそうだから)とりあえず人を雇おう」と考える前に、まずはアウトソーシング優先の業務体制を検討すべきです。

また、すでに成長しきった企業は、急にメンバーシップ型からジョブ型雇用やアウトソーシングに切り替えようとしても、さまざまな課題・問題が生じるでしょう。いま抱えている社員たちに一斉に辞めてもらうわけにはいきませんし、人に仕事がついている属人化した業務が多い場合、急速な雇用体制の変革は大きな混乱を招きかねません。そうなる前に、事業規模が小さいうちにジョブ型雇用、アウトソーシングを導入しておくことが肝心です。

まずは、「人手が足りないから、とりあえず人を雇おう」「成長を目指す企業として、雇用契約で人(正社員)を増やしていくのが当たり前」という発想を捨ててください。なんとなく「人をたくさん抱えているほうがいい」という意識。それが「ムダを生み、費用対効果を下げ、経営を低速化させている所有経営」の根本的な問題です。人材を所有する理由、正当性を明確に説明できないとしたら、「なんとなく社員がいいから」という思い込みで人を雇っている、と言われても仕方ありません。

脱所有経営は、言い方を変えれば、「脱思い込み経営」です。思い込みを捨てて、本当に必要な人だけを所有(雇用)し、それ以外はアウトソーシングして費用対効果を上げて経営を高速化する。そんな「脱自前主義」経営を目指しましょう。

Chapter 1　まとめ

▶ヒトにおける「脱自前主義」経営の最終ゴールは、可能な限り正社員を雇わず、できるだけすべての業務をフルアウトソーシングすることである

▶「メンバーシップ型」雇用をやめ、専門性を生かせてスキルを磨ける、またキャリア構築につながる「ジョブ型」雇用にシフトしないと、いい人材は集まらない

▶各雇用形態の特徴・特質をきちんと理解したうえで、「どの雇用形態を選択するのがベストか」を慎重に吟味・検討するべし

▶生産性を上げて儲けを増やす経営のためには「誰が、何を、いつまでに、どのようにするか」を明確に定義することがスタートラインとなる

▶「なんとなく、人を抱えているほうがいい」という「思い込み経営」がムダを生み、費用対効果を下げ、経営を低速化させている

Chapter 2

モノ
「自社所有」をやめれば
利益が増える

「建物」は値上がりが確定していなければ所有すると必ず損をする

■自社ビルは必ず「資産」になるとは限らない

本章のテーマは「モノ」です。企業が経営資源として所有する「モノ」をどのような視点で見直し、どのような方法で「自前主義」経営から脱するべきかについて解説します。

企業はさまざまなモノを所有しています。たとえば、土地や建物、工場や倉庫、オフィス、社用車などです。オフィス内にも、机やイス、会議用テーブル、応接用ソファ、ラックや書棚、オフィス用複合機、パソコンなどさまざまなモノがあるはずです。

ここでは、企業がそれらを「自社所有する」ことで、どのような問題が発生するのか、反対にそれらを「所有しない」ことによってどのようなメリットが生まれるのか、について考えていきます。

大前提として認識しておいてほしいのは、「脱自前主義」経営のゴールは「企業として経営資源を所有することは当たり前」という前時代的な発想を捨て、できるだけ早く「所有をやめる」ことです。**所有をやめれば、経営は高速化し、ムダなコストが減り、所有という足かせから解き放たれて、経営の自由度が高まります。**

とくに「モノの所有」は「ヒトの所有」と同様に、経営においてさまざまなリスクとデメリットを生み出します。そのことをしっかりと認識したうえで、ここから先を読み進めてください。

最初のテーマとして取り上げるのは「建物」です。企業が所有する建物には、自社ビル、工場、倉庫などがありますが、ここでは「自社ビル」の所有について考えます。

結論から言うと、建物を資産として考えた場合、それを買って所有し続けることは、基本的にお勧めできません。企業が「自社ビル」を持つことも同じです。所有していても、ほぼ確実に損をする資産である自社ビルを持つべきではないのです。

なぜ「確実に損をする」のでしょうか？

それは、**「建物という資産は、年数の経過とともに値下がりする」「値下がりする資産を持つと必ず損をする」**という大原則があるからです。

「自社ビルを持っていれば、会社の資産になるのでは？」と考える経営者もいるかもしれません。しかし、**自社ビルに資産価値が生まれるのは、「そのビルを高い賃料で借りたい」「高い値段で買いたい」という人がいる場合に限定されます。**

都心の一等地といわれる土地を買って自社ビルを構えて、「一等地のビルだから、資産価値がある」と思っていても、その価値がずっと保たれるとは限りません。都市開発によって「道路の位置がちょっと変わってしまった」「人の流れが大きく変わってしまった」などで、資産価値が一気に落ちてしまうこともあるからです。

バブル経済時代に広まった「土地神話」は、もはや過去の話です。現在は、土地や建物を所有していても、それが確実に大きな資産価値であり続ける保証はないのです。

■自社ビルが「経営判断の足かせ」に

少し本筋からそれますが、「住宅は購入するほうがいいのか？　それとも賃貸のほうがいいのか？」という議論がよくあります。マンションにも分譲と賃貸がありますが、「長い目で見て、どちらが得なのか？」という問題です。いろいろな考え方があると思いますが、本書のテーマである「脱所有」の考え方からすると、当然、「住宅は買って所有せずに、借りて住む」のがいいといえます。理由はシンプルです。前述したように、「建物という資産は、年数の経過とともに値下がりし、持っていると必ず損をするから」です。

当然ですが、住宅やビルなどの建物は、新しければ新しいほど価値が高く、古くなると価値が下がります。マンションも新築なら、そこを借りたい、買いたいという人が多く、高い値段で賃貸・分譲されますが、中古マンションになると、年数が経つにつれて、賃貸料も販売価格も基本的には値下がりしていきます。都心部の人気エリア、タワーマンションの最上階など、値上がりする物件もありますが、一般的には、建物を資産として捉えた場合、前述の「建物という資産は基本的に値下がりする」「値下がりする資産を持つと必ず損をする」という大原則を忘れてはなりません。


不動産投資も、将来的に値上がりすることが確定していて、相当利回りがいいものを買わないと、基本的には損するようになっています。ちなみに、確実に得する物件は、情報をたくさん持っている不動産投資のプロや、いわゆる富裕層が買ってしまいます。そうした富裕層は通常、「利回り」で儲けるのではなく、確実に値上がりする物件を買い、その不動産の「値上がり」で儲けているのです。

先が読めない時代に、建物、不動産という「安定した価値を保てない資産」を所有することにはメリットがあまりなく、デメリットのほうが多いと言わざるを得ません。

「自社ビルを持つことで、顧客や取引先などステークホルダーからの信用度が高まるのでは？」「不動産担保融資を受けられるのでは？」と考える人もいるかもしれません。確かに信用度、対外的なイメージという面ではメリットも多少はあるでしょう。しかしトータルで考えると、メリットよりデメリットのほうが大きいといえます。

自社ビルを持っていると、多額の維持費、メンテナンス費用もかかります。また自社ビルを持っていることで、「自社ビルがあるのだから、この建物を使わないともったいない」「本社ビルで働く社員ありきで経営方針・施策を考えなければ」という発想に縛られてしまう可能性があります。そうなると、**「自社ビルありきの経営」しかできなくなり、自社ビル所有が「経営判断の足かせ」になってしまう危険性**があります。そうした理由からも、企業が「建物」という経営資源を所有することは避けるべきでしょう。

このあと「オフィスの所有」について言及しますが、いまや「オフィスを持たないことが、カッコいい」という感覚が当たり前の時代です。もはや「自社ビル所有＝ステータス」という時代ではないのです。

そうした点も踏まえ、自社ビルだけでなく、工場、倉庫、その他施設など、自社で所有している建物、不動産について、**「これは本当に所有の必要があるのだろうか？」と、もう一度じっくり考えてみることが重要**です。

「オフィス」を持つことで、ムダな交通費、水道光熱費、家賃がかかる

■オフィスを持たないことが「カッコいい」時代に

「自社ビル」のつぎは、「オフィス」に目を向けてみましょう。

リモートワークの普及もあり、「オフィスは本当に必要なのか？」という議論がなされるようになりました。そんななか、「オフィスを持たない経営」に注目が集まっています。

これまでは、「会社なら、当然オフィスを持っている」という考え方が常識でした。しかし最近は、「オフィスを持たない会社」が増えています。ひと昔前なら、会社を経営しているのに「オフィスがない」ことは、ネガティブイメージしかありませんでした。たとえば初対面で名刺交換するとき、「いやあ、まだオフィス持っていないんですよ」という経営者がいたら、「かなりの零細企業なんだな」「この会社、大丈夫かな？」などと思われたものです。

オフィスを持っている、しかも一等地などいい場所や、新しい高層ビル内にオフィスを構えているというのは、経営者やそこで働く人たちにとって、ある種のステータスでもあったのです（いまでもそうかもしれませんが）。

ところが、いまやオフィスを持たない企業、経営者は当たり前になりつつあります。彼らの多くは、「常駐するリアルオフィスは持っていないんですよ。一応シェアオフィスを借りて、そこに登記だけしているので、いわゆるバーチャルオフィスですね」「基本、リモートでやりとりしているので、オフィスはいらないんです」と言います。

そういう企業、経営者に対して、昔のように「えっ、この人、大丈夫かな？」というネガティブイメージを持つ人は、ほとんどいません。むしろ「へえ、カッコいいですね」とポジティブイメージで捉える人が増えています。いまや、「オフィスを持たないことがカッコいい時代」になってきているのです。

前章でも述べたように、インターネットが高速化しておらず、オンラインで仕事ができない時代には、「人を雇用してオフィスに通勤させる」ことが会社経営の大前提でした。そのため、特定の場所に従業員が集まる「物理的空間＝オフィス」が必要だったのです。

しかしいまは、リモートワーク、オンライン会議、リモートでの業務委託やクラウドツールが普及したことで、誰もが「オフィスなし」で経営できる環境が整っています。

そもそもオフィスのような物理的な場所・設備を持つというのは、製造業的な概念です。とりあえず特定の場所に人を集めて、その場で仕事の割り振りなどを話し合って決めて、決められた時間のなかで働く、というメンバーシップ型雇用に必要なものだったのです。

これはやや極論かもしれませんが、**リモートワークをメインとしたジョブ型雇用への移行が可能な企業は、完全リモートワークにすれば、物理的に人が集まる必要はなくなり、結果として、オフィスという物理的空間は必要なくなる**のです。

■完全リモートワーク化して成功した企業「白潟総合研究所」

実際に、いま多くの企業がオフィスを持たない経営、完全リモートワーク化した経営を推進しています。

たとえば、完全にオフィスを持つことをやめて、全社員が100％リモートワークに移行した企業もあります。中小ベンチャー企業のコンサルティングを行なう「白潟総合研究所」です。同社は、2020年5月に、東京本社と大阪支社のオフィスを両方とも解約し、完全リモートワーク体制へと移行しました。同社の白潟敏朗社長は、その理由を、「いまオフィスを使っていないし、これからも使う必要がないから」と述べています。まさに単純明快な理由です。

同社では同年3月から、無料ボイスチャットアプリを使ったバーチャルオフィスの実験運用を開始。４月の緊急事態宣言以降、オフィスをまったく使わなかったこともあり、全社員を対象に完全リモートワーク化したのです。

オフィスを持たないと、「企業としての信用度が低下する場合がある」「自宅で仕事をしたくない社員のモチベーションが下がる」などのデメリットがあるといわれます。しかし同社では、リアルオフィスをなくすことによって、つぎのようなメリットを得られると判断し、完全リモート化を決断したといいます。

- 交通費、水道光熱費、家賃などのコスト削減ができる
- 削減できたコストで販売単価を下げたり、商品開発投資ができる
- 削減できたコストで社員の待遇改善ができる（社員への還元）
- 今後社員を採用したときの固定費増加がなくなる
- 完全リモートワーク化によるメリットが得られる

リモートワーク化によるメリットは、「通勤の苦痛がなくなり、社員の満足度がアップする」「全国から優秀な人材を採用できる」「仕事の進め方やマネジメント次第で生産性が

向上する」「離職率が低下する（結婚・子育て・介護による退職の防止）」「ワークライフバランスの実現」などです。

同社では、オフィスをなくした完全リモート化によって、実際に交通費、水道光熱費、家賃などのコスト削減分を従業員に還元し、従業員の満足度を向上させることに成功しました。この事例は、オフィスをなくすことで、むしろ生産性とコミュニケーション密度が高められ、社員の待遇改善もでき、経営が改善した好例です。

■オフィスを持つことで「競争優位性」が下がる

ここで挙げた事例のように、「オフィスを持たない経営」をするためには、大前提として、前述した「ジョブ型雇用」の導入が必須です。「誰が、何を、いつまでに、どのようにするか」が明確に決まっていないとリモートワークの導入は難しいからです。逆に言えば、すでにジョブ型雇用を導入している企業にとっては、「オフィスを持つことは、ムダな交通費、水道光熱費、家賃などのコストがかかり、経営にとって不利になる」といえます。

ここ数年、コロナの影響でリモートワークに移行する企業が増えました。ところが、コロナが収まるにつれて、そのままリモートワークを続ける企業と、再び以前のような通勤型の働き方に戻っている企業の2パターンに分かれているようです。

後者の企業は、「この業務は、どうしても対面でないと対応できない」「オフィスにある複合機で、日々大量にコピーしないといけない資料がある」など「通勤型にしている理由」を明確に説明できればいいのですが、何となく「オフィスに集まったほうが仕事しやすいから」という発想で従来の働き方に戻しているとしたら、それは由々しき問題です。

世の中全体が、メンバーシップ型からジョブ型にシフトしているにもかかわらず、何となく惰性で「オフィスありきのメンバーシップ型雇用」をしている企業は、おそらくボディーブローのようにじわじわとダメージが蓄積され、近い将来経営が悪化するリスクをはらんでいます。そういう企業は、先ほど紹介したオフィスを持たない企業に、徐々に負けていくのが目に見えています。

オフィスを持たない企業は、オフィスを構えるという、従来当たり前だったことをしないがゆえに、社員に高い給料を払え、全国から優秀な社員を採用できています。こうした企業は、人材獲得競争においても「大きな優位性」を持っているのです。これからは、オフィスを持つこと自体が「競争優位性を下げる原因」になるケースが増えていくでしょう。「会社なんだから、オフィスを持つのは当たり前」という固定観念から脱却し、惰性で続けている従来の慣習から早く抜け出してください。

コラム「メタバース空間にオフィスを持つ」

私自身も、「オフィスを持たない経営」への新しい取り組みを進めています。その取り組みとは、私の社労士法人の「メタバースオフィス（支店）の開設」です。このところ、従来のリアルオフィスが手狭になってきたので、どこかに新しい拠点を増やそうと考えていました。そこで、いま話題のメタバース（インターネット上の仮想空間）に注目し、今年の8月にバーチャル支店を開設したのです。

「ギャザータウン」という、リモートワークを可視化したバーチャル空間サービスを利用して開設したこのメタバース支店には、内部スタッフ（従業員、契約の在宅ワーカー）や、外注先・協力会社の外部スタッフが働くワークスペースと、お客様に利用していただく顧客用スペースがあります。スタッフもお客様も、それぞれアバターで表示され、まるでRPGのようにメタバース空間内を移動し、気軽にコミュニケーションを取れます。

このメタバース支店の最大の特長は「在宅ワークが可視化（見える化）する」ことと「コミュニケーションのしやすさ」です。いま誰がどこにいて何をしているかが一目でわかり、近くに人がいれば、Zoomのような会話ツールが立ち上がって、気軽にコミュニケーションを図れます。

一般的にリモートワークでは「コミュニケーションが図りづらくなる」という問題点が

挙げられます。しかしこのメタバース支店では、お互いに気軽に会話でき、上司・部下、スタッフ間の密なコミュニケーションが取れます。何か質問があれば、すぐに聞けますし、会議機能も装備されているので、ミーティングも簡単に開催できます。また、対顧客用には助成金に関する情報など、お客様に役立つ情報を動画でお伝えすることもできます。

　このメタバース支店は、現在10人まで無料で利用できる設定になっていて、現時点でランニングコストはゼロです。外注スタッフもこのオフィス内にいるので、アウトソーシングもしやすい体制が整っています。こうなると、よほどの理由がない限り、もはや物理的なオフィスを持つ理由が見当たりません。

　士業事務所でこうしたメタバース支店を持ち、実際に運用しているケースは、まだほとんどないでしょう。私も今後は物理的な拠点は増やさずに、このようなメタバース支店を拡張していく方向で考えています。

　読者のなかには、「メタバース上のオフィスなんて、そんなに簡単に開設できないのでは？」「運用が難しいのでは？」と思う人もいるかもしれませんが、そんなことはありません。誰でも簡単に開設・運用できますので、ぜひトライしてみてください。

「パソコン」を「古くなって買い替える」「もったいないので使う」はどちらも大損する

■パソコンを「レンタル」「リース」するメリットとは

つぎに、オフィス内にあるモノに目を向けてみましょう。ふだんあなたが仕事をしている場所には、さまざまなモノがあるはずです。

ここで考えてみてください。それらのモノは、「購入して自社所有しているもの」でしょうか？　それとも「レンタルやリースで借りているもの」でしょうか？

「脱所有経営」を実現するためには、それらの物品ひとつひとつに対し、「これは自社所有するのではなく、レンタルやリースにしたほうがムダなコストがかからず、お得なのではないか？」という視点で見直してみることが大切です。

ここでは、多くの企業にとって必須アイテムである「パソコン」を題材に、所有の是非を考えてみましょう。

オフィス内で必要な基本アイテムは、その多くをレンタル・リース会社から借りられます。もちろんパソコンも、レンタルやリースができます。料金はレンタル・リース会社や機種、レンタル・リースする期間などによって異なりますが、法人としてパソコンをリース契約した場合、1台月額数千円から借りられるプランがあります。

ちなみに、「レンタル」と「リース」は、「借りる」という点では同じですが、いくつかの相違点があります。

まずは借りる「期間」です。レンタルの場合は、ユーザーの都合で自由に借りる期間を決められ、延長や中途解約もできます。リースは税務基準（法人税法）によって適正リース期間が定められており、パソコンをリースした場合は、「2年以上」が適正リース期間とされています。リース契約を中途解約する場合には、解約金として残リース料を支払わなければなりません。したがって、想定使用期間が2年以下、または不確定な場合にはレンタルを、確実に2年以上使う場合はリースを選ぶといいでしょう。

「保守サービス」にも違いがあります。サービス内容は会社によって異なりますが、一般的に、借りているパソコンが故障したとき、レンタルの場合は故障の内容をレンタル会社がチェック・判断し、別のパソコンに交換してくれたり、出張修理をしてくれたりします。

一方、リースの場合は、一般的にメーカー標準保守は含まれていますが、ユーザー自身の

●レンタルとリースの違い（PCの場合）●

	レンタル	リース
期間	✔ ユーザーの都合で期間を設定 ✔ 延長や中途解約もできる	✔ 法人税法により、適正リース期間が定められている ✔ 中途解約時には、解約金として残リース料を払う
保守サービス	✔ 故障のチェック ✔ 別の機種に交換 ✔ 出張修理	✔ メーカー標準保守が含まれる ✔ 修理会社にユーザーが依頼。費用は自己負担
共通するメリット	✔ 導入コスト（購入費用）がかからない ✔ 導入時のセッティングが楽 ✔ 必要なくなれば解約できる ✔ 最新・最高の環境を整えられ、仕事の生産性が低下しない	

料金負担で、修理サービス会社などに都度修理を依頼する必要があります。

レンタルとリースは以上のような違いがあるのですが、レンタル、リースに共通するメリットとして、「導入コスト（購入費用）がかからない」「導入時のセッティングが楽」「廃棄の手間・コストがかからない」「必要なくなれば解約できる」などがあります。

ここで注目すべきは、パソコンのレンタルやリースのメリットは、それだけにとどまらず、企業にとってもっと大きなメリットがある点です。それは、最新機種を借りられるため（レンタル・リース会社によりますが）、「つねに最新・最高の作業環境を確保でき、仕事の生産性が低下しない」というメリットです。

■古いパソコン使用で生じる膨大な損失

私は以前から、さまざまな企業の「働き方改革推進」や「業務改善」のお手伝いをしています。そこで聞く現場の声として非常に多いのが、「会社のパソコンが古いために、仕事のパフォーマンスに支障が出ている」というものです。ひどい場合だと、「パソコンが古くて起動が遅く、電源を入れてから立ち上がるまでに20分ぐらいかかる」という会社もあるのです。

パソコンの動作が遅いことによって、いったいどれくらいのムダな時間とコストが生じているのか、一度計算してみるといいでしょう。たとえば、従業員が20人いて、その人たちのパソコンがすべて起動に20分かかっていたとしたら、20分×20台＝４００分、つまり１日６・７時間、１か月で約１３４時間という時間がムダになっていることになります。

古いパソコンや、低スペックのパソコン、システムに問題を抱えたパソコンを使っていると、「動きが遅いので仕事がはかどらない」「不具合が生じたとき、トラブル対応に時間がとられる」「場合によっては専門業者を呼んで修理してもらわなければならず、高額な費用がかかる」などの問題も発生します。年間で見たら、おそらく膨大な時間とお金の損失が生じているのではないでしょうか。

しかし、その事実をあまり深刻な問題として認識していない、気づいていない経営者が多いのが現状です。そうした経営者は、パソコンの動きが多少遅くても、「まあ、そういうもんだろう。買い換えたら余計なコストがかかるからなあ……。悪いけど、いまのままで、もう少し我慢してくれよ」という言葉で済ませてしまうのです。

パソコン、タブレット端末、スマホなどの電子機器は、年々高機能化していきますし、消耗品です。何年も使っていると動きが遅くなったり不具合が出てきたりして、どこかのタイミングで買い替えなければなりません。

みなさんも、「いま使っている機器を、いつどのタイミングで買い替えるべきか」「買い替えるとしたらどの機器がよいのか」と悩むことが多いのではないでしょうか。多くの人が、買い替えタイミングや機種選びの判断基準がわからず、悩んでいるのです。しかも、買い替えをすれば当然、高コストになります。であれば、いっそのことレンタルかリースにしてしまうほうがいいのではないでしょうか。

■電子機器は所有し続けることで確実にムダが生まれる

ここまで読んできた人のなかには、「とはいえ、やはりパソコンは借りるより買うほうが、トータルで考えて安上がりなのでは？」と考える人もいるかもしれません。

たとえば、18万円のパソコンを5年使うつもりで買えば、月換算で3000円で、同じパソコンをレンタルしたら月額7000円だとしましょう。確かに「月々4000円も違ってくる。なんだ、やはり買ったほうが得じゃないか」と思うでしょう。

しかし、そのように購入費とレンタル・リース費用のコストだけを比較して考えるのは単純すぎます。パソコンは使用年数が増えれば増えるほど、経年劣化で作業効率が低下することを加味していないからです。パソコンは経年とともに動きが悪くなり、作業効率が著しく落ちるとします。作業効率が落ちることで生じる利益の損失なども含めて考えると、レンタルまたはリースによって、パソコンがつねに最新またはハイスペックであることは、トータルで考えると経営にプラスになります。つまり、月々4000円の差は、その視点で考えるとたいした問題ではないのです。

パソコンを「古くなったら買い替える」のは、パソコンが古くなったときに確実に生産性が落ちますし、買い替えコストがかかります。一方、「買い替えるのはもったいないので、そのまま使い続ける」と、もっと作業効率と生産性の低下を招き、結果として大きな損失コストを生みます。いずれのパターンでも、**パソコンの所有は、レンタルやリースに比べて大きな損失が生じる**ことになるのです。

パソコンに限らず電子機器は、所有し続けることで、必ずその機器の劣化に直面することになり、確実にムダが発生します。ですから、所有せずにレンタルやリースをして、「生産性を低下させる要因を排除」する必要があるのです。

最近は、パソコンだけでなく、パソコン周辺機器、オーディオ関連機器、テレビなど、さまざまなものがレンタル、リースできます。オフィスだけでなく、自宅でも「脱所有ライフ」を検討してみてはいかがでしょうか。

使っていない時間もコストがかかる「車両」「駐車場」は利益を圧迫する

■社用車は本当に必要か？

つぎに注目したいのが、会社で所有している「車両」、つまり営業用、経営者や社員の移動用に持っている「社用車」です。脱所有経営を目指すのなら、「社用車」所有の是非も考えるべきです。

リモート会議、Ｗｅｂミーティングなどの普及浸透や、ＩＴツールの活用拡大によって、「人に会うために車に乗って移動する」という機会が減ってきているはずです。そんな状況で、いったいどれだけの企業が社用車を有効活用しているでしょうか？　もちろん会社や業種業態にもよると思いますが、運送業のトラックなどは別として、おそらく営業用、移動用の社用車を持っていても、「以前に比べると、あまり使っていない」という会社が多いのではないでしょうか。

オフィスと同様に、「あまり使わないのに社用車を持ち続けている」状態はとてももったいないといえます。多くの会社は、「あまり使わなくなったけれど、いざというときに足がないと困るから」「社用車はとりあえず持っておくべきもの」という考えで所有しているのではないでしょうか。

使っていない車両、そのための駐車場を持つことほどムダなことはありません。車は乗らなくても持っているだけで、さまざまな費用がかかります。たとえば、「自動車重量税」「自動車保険料」「車検費用」「整備点検費用」「駐車場代」など年間維持費です。ＡＩＧ損害保険の「法人車両調査レポート（２０２１年）」によると、社用車の年間維持費の平均額は「年間84万円」だそうです。

とくに都市部で車を所有している場合、駐車場代は大きな負担になります。また、自社で土地を持っていて、社用車の駐車場にしているのなら、その駐車スペースを外部の人に貸し出せば利益が生まれます。にもかかわらず、その場所にほとんど使わない社用車を置いてムダなお金を使っているのです。

車は乗っていない時間が長ければ長いほど、どんどんムダなお金を垂れ流しているようなものです。使っていない時間もコストがかかる車両、駐車場を持つと、確実に利益を圧迫します。私に言わせれば、それはほとんど「罰ゲーム」と言ってもいいくらい、企業にとって不利益以外の何ものでもありません。

ちなみに、「稼働していない自家用車を有効活用したらどうだろう？」という発想で生まれたのがウーバーやリフトなどのライドシェアビジネスです。時代はムダなもの、遊んでいるものを有効活用しようという方向に動いています。そんななか、ほとんど使わない車を所有して遊ばせておくことは、明らかに時代遅れの発想と言っても過言ではありません。

あまり使わない社用車を持っている会社は、「社用車がないと困る」「社用車は持つべきもの」という考えを捨てて、前述したパソコンのように、まずは「借りる」という選択肢を検討すべきです。

■サービスが拡大する「カーシェアリング」「カーリース」

いま車を利用する方法は、「所有」のほかにもいろいろあります。「レンタカー」「カーシェアリング」「カーリース」などです。レンタカーサービスは昔からありますが、最近サービス提供会社が増えているのが「カーシェアリング」と「カーリース」です。

カーシェアリングは、特定の会社のサービスに会員登録した人限定で、近所のコインパーキングやステーションに停めてある車を共同で使用できるサービスです。タイムズモビリティが運営している「タイムズカー」などが有名です。

こうしたカーシェアリングを利用すれば、ほんの20分、30分という短い時間でも車を利用できます。スマホなどから予約して、予約後すぐに利用でき、面倒な事前手続きもほとんどなく簡単に利用できることが利点です。

また、カーシェアリングの特長として、レンタカー同様「税金や自動車保険、車検やメンテナンス費用、駐車場代」がかからないことは当然ですが、通常「ガソリン代」も利用料金に含まれることも大きなメリットのひとつです。最近では、月額費用（会費）も不要で、乗った時間の分だけ料金を支払えばいい、というサービスもあります。


ここで、「車を使いたいときに、ほかの人に借りられていて使えないというリスクがあるのでは？」と心配する人もいるかもしれません。ですが、近年カーシェアリングサービスは増えており、地域にもよりますが、利用可能なステーションが近隣に複数あります。事前に空き状況を確認してネット予約もできるので、そうしたリスクは低いと考えていいでしょう。さらに、カーシェアリングとレンタカーサービスを併用すれば、「乗りたいときに乗れない」というリスクはさらに低減するので、できれば複数サービスの併用をお勧めします。

つぎに「カーリース」ですが、これは「契約者が選んだ車をカーリース会社が購入し、契約者は月々決められた使用料金をカーリース会社に支払って、1か月から数年間の契約でその車を利用する」というシステムです。つまり、「レンタル」でも「シェア」でもなく「所有」でもない、「専有」がカーリースのコンセプトです。

カーリースのメリットは、「初期費用が不要」「税金や保険込みの月額固定金額で利用できる」などです。またカーシェアリングと異なり、好みの車種を選べるというメリットもあります。リース会社にもよりますが、国産メーカーのほぼ全車種を取り扱っているカーリース会社や、中古車を取り扱っている会社もあり、幅広い車種の選択肢から好みの車を選べるのです。ただし、カーシェアリングと違い、基本的に車検やメンテナンス費用、駐車場代、ガソリン代は契約者負担となります。

先ほど述べたように、社用車の年間維持費の平均額が「年間84万円」とすると、月間維持費は「7万円」です。カーシェアリングだと、1時間1000円前後の料金で借りられるサービスがあります。ということは、単純計算ですが、社用車を月に「70時間以上」使っていなければ社用車の所有をやめてカーシェアリングに切り替えたほうがお得、ということになります。

いまは、カーシェアリング、カーリースのサービス提供会社が増えています。みなさんも、それぞれのニーズに照らし合わせて、自社ニーズにマッチするものを選択・利用してみてはいかがでしょうか。

■「車がないこと」を前提に経営・運用体制を考える

このように、社用車を持たずとも車移動できる方法、選択肢が増えつつあります。使用頻度にもよりますが、社用車を持つよりも、カーシェアリング、カーリースを利用するほうが、年間コストが安く済むケースが多いのではないでしょうか。

しかし、まだまだカーシェアリングやカーリースを利用している会社は少ないのが実態です。前述のＡＩＧ損害保険の「法人車両調査レポート（２０２１年）」によると、社用車保有台数が10台未満の会社（年商５００万～１００億円未満、かつ従業員数３００人未満）のうち、「購入車のみを利用している」と答えたのは63・３％、「リースやカーシェアのみ利用している」と答えた会社は20・１％しかなかったそうです。

社用車を持つことで、維持コストを上回る大きな利益を生む場合を除いて、企業は車を所有する代わりにレンタカー、カーシェアリング、カーリースの利用を検討するべきでし

ょう。また、物品の輸送・配送用に社用車を所有している場合は、コストパフォーマンスを計算したうえで、輸送・配送会社に委託することを検討しましょう。

さらに**重要なのは、「そもそも本当に車で移動する必要があるのか？」を考えてみること**です。車を所有している企業の多くは、「車を持っていることを前提」として、営業体制や納品体制などの業務オペレーションを組み立てています。結果として、実は持つ必要がないものを所有してしまっているのです。その意識を変えられないと、いつまでも「高コスト体質」を引きずってしまうことになります。

一度そうした思考方法を捨てて、「車がないこと」を前提として、どのような営業体制、納品体制ができるのかを考えるべきです。そうすると、意外に「そもそも車は必要ないな」となるかもしれません。

車を所有しないことによって、コスト削減につながるだけでなく、移動手段や業務オペレーションの選択肢も広がります。モノを所有してしまうと、どうしても、その所有しているモノに縛られてしまい、経営の幅を狭めてしまう可能性すらあります。社用車を持っている会社は、ぜひ一度、社用車の必要性を見直すことを強くお勧めします。

モノの最適化を進める「4ステップ」

■まずは「貸借対照表」のチェックから

ここまで、自社で所有する経営資源「モノ」の見直し方について、建物、オフィス、パソコン、車両・駐車場にフォーカスして考えてきました。

いずれの場合でも、軸となるのは、単に「できるだけモノを持たないようにしましょう」「レンタルやリースの活用でムダを省きましょう」という話ではありません。重要なのは、「ヒト」の場合と同じように、所有しているモノを「いかに最適化するか」という発想です。

本章の最後に、実際にどのようにモノの最適化を進めればいいのかについて、4つのステップに分けて実践する方法を解説します。モノの最適化は、つぎの「4ステップ」で進めていくことがポイントです。

●貸借対照表の資産をチェックする●

資産		負債	
現金預金	150,000	支払小切手	150,000
受取手形	130,000	買掛金	145,000
売掛金	100,000	長期借入金	170,000
株券	30,000	負債合計	465,000
不動産	410,000	純資産	475,000
機械	120,000		
資産合計	940,000	負債・純資産合計	940,000

単位：千円

ステップ１「動産、不動産」の洗い出し
ステップ２「所有するか、しないか」を検討
ステップ３「所有しない」場合の代替手段の決定
ステップ４「レンタル、リース先」の選定

ではひとつひとつ順番に見ていきましょう。

ステップ１「動産、不動産」の洗い出し

ステップ１では、自社が所有しているモノを「財務諸表」をベースに見直すことをお勧めします。ここでチェックすべきは「貸借対照表（バランスシート）」です。貸借対照表には、自社が所有している資産が書かれているからです。

貸借対照表の左側（借方）を見て、自社が資産としてどんな動産（商品、家財など）を持っているのか、どんな不動産（土地、建物など）を持っているのかをチェックし

●機器一覧管理表のサンプル●

No	備品名	製造番号	機能補足情報	購入日	金額(税抜)	購入元	備考	社員番号	氏名
							所在		
1	ノートPC・白・1	U1045XXXX	Ryzen7、16GB、512GB SSD	2022/10/1	90,000	○○社		1	A
2	ノートPC・黒・2	U1045XXXX	Ryzen7、16GB、512GB SSD	2022/10/1	90,000	○○社		2	B
3	ノートPC・白・3	U1045XXXX	Ryzen7、16GB、512GB SSD	2022/10/1	90,000	○○社		3	C
4	ノートPC・白・4	U1045XXXX	Ryzen7、16GB、512GB SSD	2022/10/1	90,000	○○社		4	D
5	スキャナー◇◇ix100 2	AK9DHXXXX		2022/10/1	20,000	□□社			本社
6	スキャナー◇◇ix100 3	AK10DHXXXX		2022/10/1	20,000	□□社			X支店
7	スキャナー◇◇ix100 4	AK11DHXXXX		2022/10/1	20,000	□□社			Y支店
8	スキャナー◇◇ix100 5	AK12DHXXXX		2022/10/1	20,000	□□社			Z支店
9	携帯電話1・ガラケー・銀		080-XXXX-XXXX		5,000	◇社	かけ放題	12	K
10	携帯電話2・スマホ		090-XXXX-XXXX		3,000	◇社		15	L
11	携帯電話3・ガラケー		080-XXXX-XXXX		5,000	◇社	かけ放題	22	M
12									
13									
14									
15									

ましょう。

会社によっては、パソコンやPC周辺機器、複合機、その他さまざまな機器類をたくさん所有しているところもあるでしょう。本来なら「機器一覧」を作って「どんなスペックのパソコンが何台ある」といったようにきちんと管理したいところですが、おそらく機器一覧を作っていない会社のほうが多いでしょう。その場合、所有物の洗い出しは、まず、機器一覧の作成から始める必要があります。会社が持っているモノをすべて一覧化して、何をどれだけ持っているかを把握するのです。

ステップ2「所有するか、しないか」を検討

つぎに、ステップ1で洗い出したモノを、「所有するか、しないか」検討します。
たとえば「社用車」なら、使用頻度と年間の維持費を再チェックしたうえで、「このまま所有し続ける」、または「所有をやめる」という選択肢から、どちらを選ぶのか検討するのです。

固定電話、複合機、ほとんど使っていない机やイス、ソファなど、ありとあらゆる機器、モノについて、「所有するか、しないか」を、よく検討してください。とくに、「維持コストがかかっているにもかかわらず、使用頻度の低いものはないか」「それを所有することが、生産性アップにつながっているか」などを重点ポイントに、所有の是非を検討しましょう。

ステップ3「所有しない」場合の代替手段の決定

つぎに、ステップ2で「所有をやめよう」と決めたモノについて、「じゃあ、今後どうするのか?」という、代替手段を検討・決定します。たとえば、いままで取り上げてきたモノを対象とする場合、つぎのような形で検討してみてください。

・「自社ビルを所有しない」と決めた場合

→賃貸オフィスにする？　シェアオフィスを活用する？

・「オフィスを所有しない」と決めた場合

→全面リモートワークにする？　シェアオフィスを借りて、一部リモートワークにする？

・「パソコンを所有しない」と決めた場合

→タブレット端末やスマホだけにする？　レンタルかリースにする？

・「社用車を所有しない」と決めた場合

→レンタカーを利用する？　カーシェアリングを利用する？　カーリースを利用する？

車の使用を全面禁止にして、電車やバスなどの公共機関を利用する？

ステップ4「レンタル、リース先」の選定

最後に、ステップ3で「レンタル」または「リース」にすると決定したモノについて、レンタル先、リース先をどこにするのかを検討・決定します。いまは、レンタル、リースサービスを提供する会社が数多くあります。会社によってサービス内容や価格などが少しずつ異なるので、どこの会社が最も自社のニーズにマッチしているかをよく検討のうえ、レンタル、リース先を選びましょう。

■「持つこと」＝「もったいない」という発想

以上が、モノの最適化を進める「4ステップ」です。

所有しているモノを「最適化する」という発想ができるかできないか、最適化を実行に移せるか移せないかが、企業の競争優位性に大きく影響することを忘れないでください。

とくに「オフィス」を所有するかしないかは、企業にとって最重要課題です。前述したように、オフィスの有無が「コスト削減、生産性の向上、人材獲得競争における優位性、ジョブ型雇用への移行」など、さまざまな面で今後の経営に大きく影響するからです。なかでも「コスト」は企業にとって非常に重要な要素です。オフィスを持つことによるコスト高は、収益性に大きく跳ね返ってきます。したがって、これからの企業は、「できるだけ、オフィスは所有しない」という前提で、経営方針・手法を考えるべきです。

「そうは言っても、やっぱりオフィスに集まって仕事しないと生産性が落ちるし、従業員への目もいき届かないからな」と思う経営者もいるでしょう。繰り返しますが、それは「思い込み」です。一度、そうした思い込みを捨て、思い切ってオフィスを持たない経営＝オフィスレス経営を実践してみましょう。

モノを持っていると、人間誰しも「持ってしまっているから、所有し続けなければいけない」「持っているからには、これを使わないともったいない」という発想になります。そうやって私たちは、明確な根拠がないまま何となく「所有」し続けてしまうのです。それが、「所有の罠」です。

その罠から抜け出すには、発想を変える必要があります。**発想を変えてみると、「使わない」＝「もったいない」のではなく、実は「持つこと」＝「(ムダが生まれて)もったいない」ことに気づく**はずです。モノの「自社所有」をやめればムダなコストが減り、利益が増える可能性が高まります。

いまや世界は「所有の時代」から「シェアの時代」に移行しつつあります。これまでの常識や固定観念に縛られずに、「モノを所有しない」という選択肢を検討してみましょう。

Chapter 2　まとめ

▶資産面で考えると、確実に損をする「自社ビル」という資産を持つべきではない。自社ビル所有が「経営判断の足かせ」になる危険性もある

▶これからは、オフィスを持つこと自体が「競争優位性を下げる原因」になるケースが増えていく

▶パソコンなど電子機器は所有し続けると「劣化」問題に直面し、確実にムダが発生する。レンタルやリースを活用して「生産性を低下させる要因を排除」するべき

▶「車」の所有は使用頻度が低いと確実に利益を圧迫し、企業にとって不利益にしかならない。車の所有をやめることで、コスト削減のみならず、経営の幅を広げる可能性もある

▶「所有物を使わない」＝「もったいない」のではなく、「持つこと」＝「（ムダが生まれて）もったいない」という真実に気づくべし

Chapter 3

カネ
「自己資金」「金融機関からの借入」をやめれば時間を買える

低リスク＆スピーディにお金を集める！「脱自己資金」「脱借入」経営のススメ

■資金調達の方法＝「稼ぐ」「借りる」「もらう」をどう使い分けるか

「脱自前主義」経営について、ここまで「ヒト」と「モノ」にフォーカスして解説してきました。本章では、3つ目の経営資産である「カネ」をテーマに、「脱自前主義」経営について考えていきます。

ここで多くの人が、「ヒトやモノの脱自前主義」という考え方はわかったが、「『カネの脱自前主義』とは、どういう意味だろう？」と思ったのではないでしょうか。まず、その疑問にお答えします。本章の狙いは、「カネ」＝「資金調達方法」の見直しであり、**「資金調達の自前主義をやめましょう」**と提案することです。

本題に入る前に、「資金調達」にはどのような方法があるのかをまず整理しましょう。資金調達にはさまざまな方法がありますが、大きくつぎの4つに分類されます。

①「自己資金」
「預金」など手元にある現金

②「借入」
おもに銀行など金融機関からの借入（融資）による資金

③「出資」
ベンチャーキャピタルや個人投資家から出資してもらうお金

④「補助金・助成金」
国や地方公共団体などから支給されるお金

つまり、**資金調達の方法は、自己資金＝「稼ぐ」、借入＝「借りる」、出資や補助金・助成金＝「もらう」の3つに分けられる**といえます。

これらの資金調達方法には、それぞれメリット、デメリットがあります。

「自己資金」は、「返済や利息の支払いが不要」というメリットがありますが、「十分な資金を用意するのが難しい（時間がかかる）」というデメリットがあります。

「借入」は、「多額の資金を調達することが可能」「銀行などから借りる場合、信頼度が高く金利が低い」などのメリットがありますが、「利息を含めた元本を一定期間内に返済しなければならない」「審査が厳しく、希望金額を調達できないことがある」「担保や個人保

●資金調達手段のメリット・デメリット●

	メリット	デメリット
自己資金	✔ 返済や利息の支払いが不要	✔ 十分なお金を用意するのが難しい。時間がかかる
借入	✔ 多額の資金を調達できる ✔ 銀行などから借りる場合、信頼度が高く、金利が低い	✔ 返済や利息の支払いが必要 ✔ 審査が厳しく、希望金額を調達できなことがある ✔ 担保や個人保証がないと借り入れできない場合がある
出資	✔ 返済が不要で、創業初期の資金調達手段として有効 ✔ 投資家から経営に関するアドバイスやサポートを受けられる場合がある ✔ 投資家が本気で会社の成功に協力してくれる	✔ 出資比率によっては経営権を握られてしまう ✔ 明確な成長ストーリーがなければ投資してもらえない可能性がある
補助金 助成金	✔ 返済が不要	✔ 審査が通るかわからない ✔ 資金が必要な時期（タイミング）に支給されるとは限らない

証がないと借入できない場合がある」などのデメリットがあります。

「出資」は、「返済が不要で、創業初期の資金調達手段として有効」「投資家から経営に関するアドバイスやサポートを受けられる場合がある」「投資家が本気で会社の成功に協力してくれる」というメリットがある一方、「出資比率によっては経営権を握られてしまう」「明確な成長ストーリーがなければ投資してもらえない可能性がある」というデメリットがあります。

「補助金・助成金」は、「返済が不要」というメリットがある一方、「審査が通るかわからない」「資金が必要な時期（タイミング）に支給されるとは限らない」というデメリットがあります。

経営、とくに新規事業の立ち上げにおいて重要なのは、そうしたメリット、デメリットを踏まえて、これらの資金調達方法をどううまく使い分けるかです。

■うまくいくかわからないビジネスで「お金を借りる」のは愚策

ここで重要になってくるのが、本書のテーマである、「脱所有経営」の主軸となるコンセプトです。「脱所有経営」の目的は、「自前主義を見直して、低リスクでスピーディに儲けを生み出す」ことです。その観点で考えると、**「自前で調達する」「リスクが高い（＝不確実性が高い）」「時間がかかる」資金調達方法は、できる限り避けるべき**なのです。

もう一度、先ほど挙げた4つの資金調達方法を見てください。「自己資金」は、まさに「自前主義」です。しかも、十分な資金を用意できるかわからない「不確実」で「時間がかかる」資金調達方法といえます。

金融機関からの「借入」はどうでしょうか？　こちらも、ある意味「自前で何とかしよう」という資金調達方法であり、さらに、借りたお金を「返さないといけない」、場合によっては「返せないかもしれない」というリスクがあります。

借入は金融機関の審査に時間を要するため、すぐにお金を借りるのが困難です。とくに新規事業を立ち上げるさいに借入したものの、その事業が失敗して返済できない場合、大変なことになります。遅延損害金が加算されて借金が増え続け、場合によっては裁判になり、最悪の場合、財産を差し押さえられてしまうのです。

このように、**「自己資金」**も**「金融機関からの借入」**も、**「自前で調達する」「リスクが高い（＝不確実性が高い）」「時間がかかる」資金調達方法**なのです。

本章で提案する「資金調達の脱自前主義」は、「低リスクでスピーディに資金調達できる方法を取り入れましょう」という、いわば**「脱自己資金」経営、「脱借入」経営**です。これを実践すれば、資金調達と事業展開のスピードが格段にアップし、「時間のムダ」が大幅に減ります。つまり、「自己資金と金融機関からの借入をやめれば、時間を買える」と言っても過言ではないのです。

新規事業の立ち上げ、なかでも「飲食店の新規開業」においては、「脱借入」経営を実践することが重要です。

たとえば、あなたが飲食店の新規開業を計画しているとします。金融機関から借入しようとしても、審査が通って金融機関がお金を貸してくれるまでに、最低で1年はかかるでしょう。このあと提案する資金調達方法と比べて、場合によっては資金調達までの時間が10倍以上かかってしまいます。そもそも、うまくいくかわからないビジネスに対して、金融機関は簡単にお金を貸してくれません。

また、返済にも時間がかかります。新規開業の飲食店経営が軌道に乗って、開業時にかかった初期コストを回収できるまでには、最短でも3年はかかるのが一般的です。当然、返済にもかなりの年数がかかるでしょう。

このように、飲食店開業時の金融機関からの借入は、低リスクでスピーディに儲けを生み出す「脱所有経営」の観点において、避けるべき資金調達方法なのです。「うまくいくかわからないビジネスで、お金を借りるのは愚策」と言わざるを得ません。

ここまで読んだ人の多くは、「自己資金を用意せず、お金も借りないで、どうやって新規事業の資金を集めたらいいのか?」という疑問を持ったのではないでしょうか。

ここからは、その疑問に答えるべく、さまざまな資金調達の成功事例を紹介しながら、「脱自己資金」「脱借入」経営の方法と、実践のポイントについて解説していきます。

常識をくつがえす「売るが先、借りるはあと」という発想で新規事業を成功へ導く

■飲食店開業前に初期コストを回収してしまう「非常識な方法」とは？

ここからは、「脱自己資金」「脱借入」経営の具体的な方法と実践のポイントを、さまざまな成功事例を紹介するとともに解説します。

最初に取り上げたいのは、私自身が立ち上げ、事業拡大中の「飲食店ビジネス」です。私が経営している飲食店（バー）は、会員が少しずつお金を出し合って店舗運営する「共同オーナー制」というシステムを取り入れています。共同オーナーたちには入会金（会員権の購入費）約3万円と、月会費約5000円を払ってもらいます。そのシステムで、開業前の初期コストの回収と、開店後に発生する月々のランニングコストがカバーできるというビジネスモデルです。

通常、金融機関からの借入で資金調達して飲食店を新規開業する場合、資金調達・開業・店舗運営の流れはつぎのようになるのではないでしょうか。

①借りる：「金融機関からの借入」で資金調達し、店舗をオープンする
②売る：店舗オープン後、売って（稼いで）利益を上げる
③コスト回収＆返済：何年もかけて初期コストを回収し、借入金を返済する

これが、一般的な飲食店ビジネスの基本的な流れです。しかし、私が立ち上げた「脱自己資金」「脱借入」経営型の飲食店では、つぎのような流れになっています。

①売る：「会員権の販売」で資金調達し、店舗をオープンする
②コスト回収：店舗オープン前に初期コストを回収し、開業後の黒字化を確定させる
③利益を上げる：「借入＆返済」がない状態で、最初から利益を上げられる

この2つのパターンの大きな違いがわかるでしょうか？

前者の一般的な飲食店ビジネスでは、開業前にまずお金を「借りる」というプロセスを

経て、そのあとに「売る」→「コスト回収&返済」という順番で進めています。それに対して後者の「脱自己資金」「脱借入」経営では、「売る」を最初に行ない、開業前に「初期コスト回収」を済ませてしまっています。根本的に順番が違うのです。

私が立ち上げた飲食店ビジネスでは、**開業前に初期コストを回収し、損益分岐点を超えた状態（開業後の黒字化が確定した状態）で事業をスタート**させています。通常、飲食店の新規開業では、そのような方法をとることは、まずあり得ません。

この、従来の飲食店ビジネスではあり得ない非常識な手法は、実は「まずは売る」という資金調達方法を取るだけで、

●最初に「売る」ことで、初期にコストを回収する●

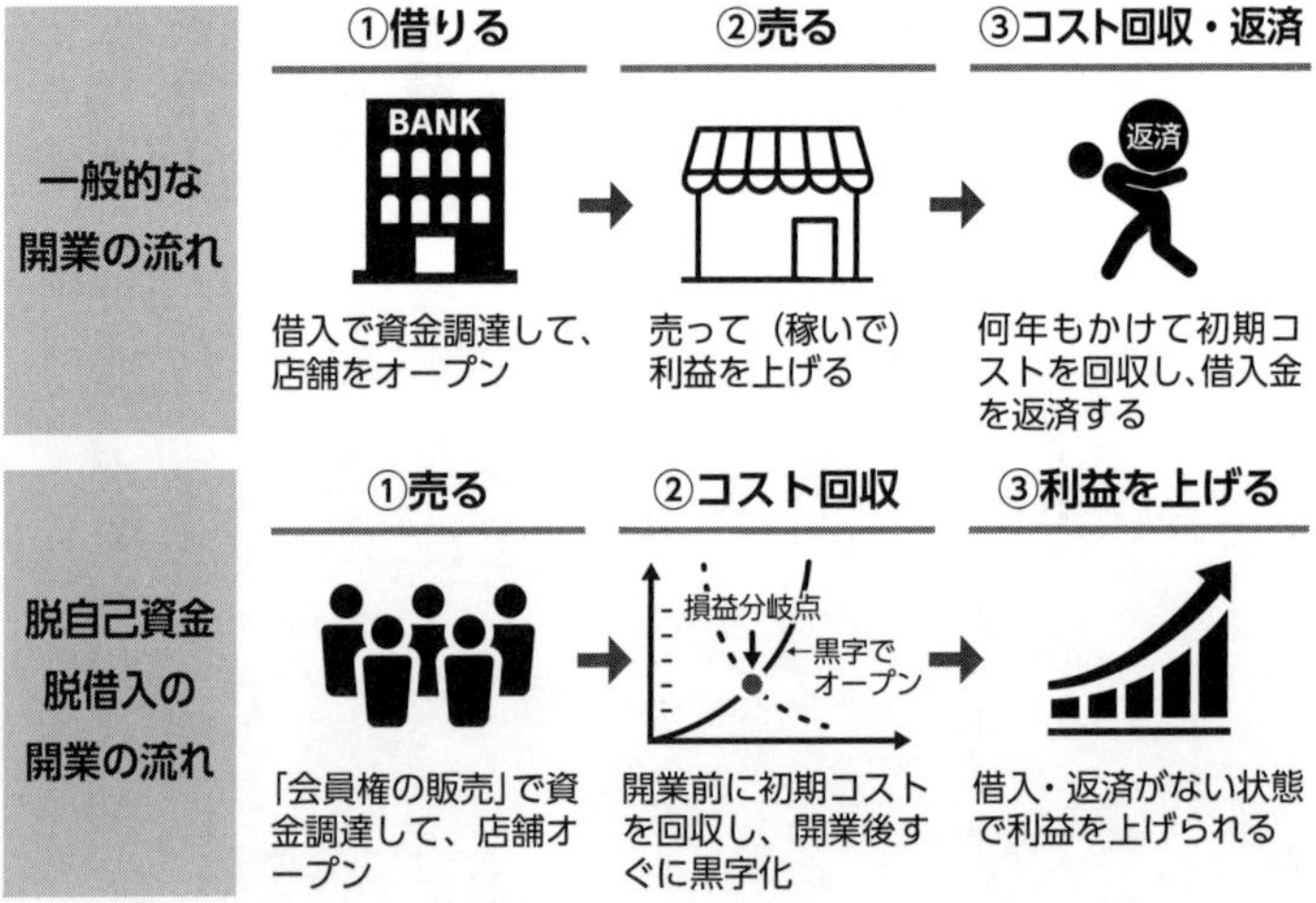
一般的な開業の流れ
①借りる
BANK
借入で資金調達して、店舗をオープン
②売る
売って（稼いで）利益を上げる
③コスト回収・返済
返済
何年もかけて初期コストを回収し、借入金を返済する
脱自己資金 脱借入の開業の流れ
①売る
「会員権の販売」で資金調達して、店舗オープン
②コスト回収
損益分岐点
←黒字でオープン
開業前に初期コストを回収し、開業後すぐに黒字化
③利益を上げる
借入・返済がない状態で利益を上げられる

誰でも実現可能なのです。

先ほど、資金調達の方法は「稼ぐ」か「借りる」か「もらう」か、だと述べましたが、このモデルは、**お金を「稼ぐ」「借りる」前に、「最初にお客さんからお金をもらってしまう」ビジネスモデル**と言ってもいいかもしれません。

■「黒字化が確定した状態」で店舗運営を開始するための3つのポイント

この「売るが先」のビジネスモデルを構築し、成功させるためには、何がポイントとなるのでしょうか？　そこには必ず押さえておくべき、つぎの3つの重要なポイントがあります。

①その新規事業が確実に流行る・売れるという仮説を立て、企画書・提案書を作成する
②その企画書・提案書を身近な人に見せ、ヒアリング・提案・テストマーケティングをする
③まずは身近な人に資金提供者、ロイヤルカスタマーになってもらう

「売るが先」のビジネスモデルでは、事業開始前（開業前）**に「いかに多くの人に、会員**

になってもらうか」が肝となります。そのためにはまず、その新規事業が「確実に流行る・売れる（確実に顧客を獲得・維持できる）」という「仮説」を証明する必要があります。成功する理由・根拠を明文化した企画書・提案書を作り、それを身近にいる人たちに見せ、「今度、こんなビジネスを始めようと考えているんだけど、どう思う？」「こんな仕組みで事業展開しようと思っているんだけど、試しに使ってみない？」とヒアリング・提案・テストマーケティング（試験販売）してみるのです。

「身近な人」といっても、誰でもいいわけではありません。ふだんからあなたが信頼を置いている人、忌憚のない意見を言ってくれる人に聞くことが大切です。テニスの「壁打ち」的に彼らから意見をもらい、その人たちの多くが、「これはいいね！」「私も利用したい（買いたい、会員になりたい）ですよ！」と言ってくれれば、本格的に事業化を進めてもいいでしょう。

もし彼らが「これは、あまり魅力的なサービスじゃないな」「うーん、この金額を払ってまで利用したいとは思わないな」と言えば、その企画が「ビジネスとして成り立たない」と判断して諦めるか、企画内容を改善して再トライする必要があります。

通常、「自分の事業の正しさを証明する」ためには、「結果」を出すしかありません。

とりあえずやってみて、成果を出して、「どうです？　私の考えは正しかったでしょう」と証明するのです。しかし、それでは事業を始める前に資金調達できません。「脱自前主義」「脱借入」経営を実現するためには、「事業計画書」や「商品・サービスの提案書」を見た人が、「ああ、なるほど、これはすごくいいね。絶対に儲かるね。しかもユーザーのため、世の中のためにもなるね」と思ってくれることが大切なのです。

そうやってヒアリングやテストマーケティングを繰り返して、まずは身近な人に資金提供者、ロイヤルカスタマーになってもらいます。そして、「これは初期コストが最初に回収できて、ランニングコストを確実にカバーできる（黒字化できる）モデルになるぞ！」と確信できた時点で、本格的な事業化に向けて動き出すことが大事です。

重要なのは、「どうやって資金調達するか？」ではなく、「どんな事業計画なら、最初から多くの人に応援してもらえるか？」を突きつめて考え、テストマーケティングに十分な時間を費やすことです。

「あなたの知り合いや友達」が買ってくれなければ、「あなたのことを知らない人」は、なおさら買ってくれません。ヒアリングやテストマーケティングをせず、いきなり「こんな商品・サービスをつくりました。さあ、買ってください！」というプロダクトアウト発想で新規事業を始めると、往々にして大失敗を招き、「後悔先に立たず」になってしまいます。そんなことにならないよう、まずはここで紹介した3つの手順を踏んで、ビジネスモデル構築と資金集めをしてください。

■「小口分散」で資金を集めれば、事業拡大スピードが格段にアップする

この資金調達方法（ビジネスモデル）のメリットは、本格的な事業開始前に初期コストを回収し、黒字化が確定した状態でスタートできることだけではありません。もうひとつ、「小口分散で資金を集めることで、事業拡大の速度を落とす必要がない」という重要なメリットがあります。このビジネスモデルでは、金融機関からの借入や資本家からの大口投資を受けるよりも、ひとつひとつの金額（各顧客が払う金額）は少ないのですが、確実かつスピーディに資金調達できるからです。

たとえば、飲食店を1軒オープンしたあと、どんどん新規店舗を開業して事業拡大していきたい場合、どのような方法で展開するでしょうか？　通常は「まず1500万～2000万円かけて1軒目の店舗をオープン」し、「4～5年かけて減価償却」して、「その物件を担保に金融機関から借入して2軒目をオープンする」という方法を取ると思います。

3軒目以降も同じ方法で金融機関からの借入を続けていると、どんどん負債が大きくな

っていきます。また、金融機関から借入する場合、担保にする既存店舗の利益が一定額以上ないと、借入を留保される場合があります。新規事業が軌道に乗って、会社や事業が一定規模以上にならないと、そうした方法で店舗を拡大していくのは難しいのです。

ところが、金融機関でも投資家でも、国や公共団体でもなく、「お客さん」からお金をもらい、それを出店費用に充てられれば、店舗拡大、事業拡大のスピードはどんどん上がっていきます。

このモデルは、お金がほしいときに短期間で確実かつスピーディに資金調達できるので「短期間で開業」でき、さらに「事業拡大スピード」も格段にアップする、一石二鳥の資金調達方法なのです。

ファンをつくりながら資金を集められるクラウドファンディング

■これだけは知っておきたい！　クラウドファンディングの基礎知識

「クラウドファンディング」の活用による資金調達について解説する前に、まずは「クラウドファンディング」サービスの概要についておさらいしておきましょう。

近年、新しい資金調達方法として注目されている「クラウドファンディング」には、大きく分けて「非投資型」と「投資型」の2種類があります。非投資型には、「購入型」と「寄付型」が、投資型には「株式型」「ファンド型」「融資型」などがあります。簡単にそれぞれの特長や違いを説明します。

①「購入型」クラウドファンディング

特定のプロジェクトに対して支援した金額に応じて、モノやサービスをリターンとして

●クラウドファンディングの種類●

非投資型	①購入型	支援者に見返り（リターン品）として物品やサービスを提供
	②寄付型	災害支援やボランティア活動への寄付など、支援者に対して経済的な見返りがない、あくまで「寄付」が目的のもの
投資型	③株式型	非上場株式の発行により、多くの人から少額ずつ資金を集め、支援者はリターンとして非上場企業の未公開株を取得
	④ファンド型	特定のプロジェクトや事業に対して「出資」を募り、支援者は、リターンとして、投資家特典となる商品・サービスや売上の一部を分配金として受け取れる
	⑤融資型	融資を受けたい企業と、融資したい企業や個人をマッチング。支援者からの資金は、クラウドファンディング運営会社が大口化して企業に融資。クラウドファンディング運営会社は、融資先企業の返済金から手数料を引き、残った分を出資した支援者へリターンとして分配

受け取れるクラウドファンディングです。支援者はプロジェクト起案者がリターンとして設定した商品・サービスを「購入」するような感覚で支援します。

一方、起案者は、商品開発・生産のための費用を事前に支援者から集め、「受注販売」のような形で商品・サービスを提供します。

②「寄付型」クラウドファンディング

災害支援やボランティア活動への寄付など、支援者が特定のプロジェクトに対して、お金を「寄付」する仕組みのクラウドファンディングです。あくまでも「寄付」が目的なので、基本的にモノやサービス、金銭などのリターンはありません。

③「株式型」クラウドファンディング

非上場株式の発行により、インターネットを通じて多くの人から少額ずつ資金を集める仕組みのクラウドファンディングです。投資家（支援者）はベンチャー企業などを支援し、リターンとして非上場企業の未公開株を取得できます。

④「ファンド型」クラウドファンディング

特定のプロジェクトや事業に対して「出資」を募るクラウドファンディングです。投資家（支援者）は、リターンとして投資家特典となる商品・サービスや、資金調達によって実現した売上の一部を分配金として受け取れます。

⑤「融資型」クラウドファンディング

融資を受けたい企業と、融資したい企業や個人をマッチングする金融型のクラウドファンディングです。「ソーシャルレンディング」とも呼ばれています。投資家（支援者）から小口で集めた資金は、クラウドファンディング運営会社が大口化して企業に融資します。

クラウドファンディング運営会社は、融資先企業の返済金から手数料を引き、残った分を出資した投資家（支援者）へリターンとして分配します。

このように、クラウドファンディングにはさまざまな種類があり、資金調達方法も異なります。

本書では、実際に新規事業の資金調達方法として活用されている「購入型」「株式型」クラウドファンディングの成功事例をピックアップして紹介し、そこから「脱自己資金」「脱借入」経営のヒントを探っていきたいと思います。

■「購入型クラウドファンディング」で資金調達に成功！ 会社設立した元サラリーマン

最初に紹介するのは、「購入型クラウドファンディング」で資金調達し、新規事業を軌道に乗せた成功事例です。

オリジナルレザーアイテムのブランド「STATUSY（ステータシー）」を運営するステータシー株式会社の代表・田中比呂達さんは、購入型クラウドファンディングの「Makuake（マクアケ）」で資金調達し、自社ブランドを成功に導きました。

田中さんはサラリーマン時代の2015年、6畳の部屋で自社ブランドを立ち上げ、副業として手作りのオリジナル革製品をハンドメイドサイトで販売していました。当時、「これを仕事（本業）にできたらいいのに」と思っていたものの、なかなか独立のきっかけをつかめないでいました。

そんなとき目に留まったのが、「Makuake」でした。2019年10月、「Makuake」でキーコインケース「cocoyo」を、初めてのプロジェクトとして掲載。45日間で90万円以上の売上を立てました。

田中さんは、「クラウドファンディングの活用は、大きなチャンスになる」と感じ、新たに契約した縫製工房の協力のもと、2020年8月、長財布「FRAGMAN」のプロジェクトを再び「Makuake」でスタート。なんと1000万円を超える応援購入を獲得し、大成功を収めました。

クラウドファンディングを始めて1年が経った頃、本業の収入を超えるほどに事業が拡大し、2020年末に、ついに18年間勤めてきた会社を辞めて独立をはたしました。

2021年4月、株式会社を設立し、同年7月、再び「Makuake」で新プロジェクト「ilmodo（イルモード）」を開始したところ、開始6分で100万円の応援購入を達成。さらに2日と21時間で1000万円の応援購入を集め、プロジェクト開始から33日間で、ついに「Makuake財布部門」の歴代最高額を達成しました。
田中さんは、新規事業におけるクラウドファンディング活用の可能性について、「クラウドファンディングにチャレンジしなければ、いまの自分はなかった。チャレンジして、たとえうまくいかなくても、諦めなければきっと自分の人生を大きく変えるようなチャンスがやってくる」と述べています。

田中さんは個人でクラウドファンディングを活用してプロジェクトを立ち上げ、支援してくれるファンから毎回多額の資金を得て、しかも継続して収益を上げ、事業拡大に成功しました。当初から自前のＥＣサイトも（もちろん実店舗も）持っておらず、クラウドファンディングに特化した集客・販売で成功したのです。まさに「持たざる経営（脱所有経営）」そのものです。

田中さんがクラウドファンディングによる資金調達を成功させた秘訣は、大きく２つあります。ひとつ目は「プロダクトのクオリティ」です。機能性とデザイン性にこだわり、顧客が「まさに、こんな商品が欲しかった！」と思う理想的な商品を作り、リーズナブルな価格で提供し、多くのファンを獲得したのです。
２つ目は、商品の魅力を「わかりやすく、効果的に訴求した」点です。購入型クラウドファンディングでは、支援者へ「どうやって商品・サービスの魅力を効果的に伝えるか」が重要です。「動画や画像を使って商品やサービスの詳細を伝える」「プロジェクト起案者の思いや背景にあるストーリーを伝える」「制作・活動のレポートなどを掲載する」ことで、支援者の「この人、このプロジェクトを応援したい！」というファン心理を醸成していくのです。また支援者は、購入だけでなく、応援コメントの投稿や、ＳＮＳでのシェアなどを通して、起案者と一緒にモノづくりをしているような気分になり、さらに「応援しよう！」という気持ちが高まっていきます。田中さんも、そうした施策を効果的に行ない、多くのファンを獲得しました。

このように、購入型クラウドファンディングをうまく活用すれば、自己資金や金融機関からの借入がなくとも、短期間で潤沢な資金調達ができ、しかも「継続して購入してくれるファン、顧客」を獲得できるのです。

■「株式型クラウドファンディング」で「約９０００万円」を集めたベンチャー企業

つぎに紹介するのは、「株式型クラウドファンディング」で資金調達に成功した事例です。

医療関連機器の開発・製造・販売を行なうKOTOBUKI Medical株式会社は、医師が手術の訓練に使う模擬臓器（おもな材料はこんにゃく粉）、「こんにゃく臓器」を開発し、2017年に製品化しました。

2018年に代表取締役の高山成一郎さんがベンチャーとして、仲間数人でいまの会社を設立し、販売を本格化。「こんにゃく臓器」を医療界に広めたいという思いで奮闘しましたが、資金調達は簡単ではなかったといいます。

そんなときに、「株式投資型」のクラウドファンディングサービスを展開する「FUNDINNO（ファンディーノ）」のことを知り、「一般の人たちにもPRできるチャンスでもある」と考え、FUNDINNOでの資金調達に挑戦することにしました。

当初、高山さんらは、FUNDINNOの担当者から「ものづくりの会社が評価されるのは難しい」と言われ、スタート時点では半信半疑だったといいます。しかし「町工場発の医療系ベンチャー」というコピーでPRし、当時、ドラマ『下町ロケット』がはやっていたこともあり、多くの人から共感・応援してもらえました。その結果、2019年6月、「最高調達額8930万円」を達成。株主も600人近く増えました。

高山さんは、「事業を成功させるための資金調達という意味では、上限金額が達成できたことで金融機関の評価がガラッと変わったので、とてもよかった」「FUNDINNOでの調達後、半官半民ファンドにお金を入れてもらったが、それも、FUNDINNOで大きな額を調達し、多くの人に応援されることを世の中に認められたからこそ」と述べています、

また、「エンジェル税制（ベンチャー企業への投資を促進するため、ベンチャー企業へ投資をした個人投資家に対して税制上の優遇措置を講じる制度）があったおかげで株主が集まったという側面もある」と言います。

さらに、FUNDINNOで資金調達したことで、自社の「採用」にも好影響が出たそうです。調達後の4～5か月で、人材紹介会社での応募が100件を超え、とても優秀な人材が集まったのだそうです。

このように、「スタートアップとして、多額の資金調達に挑戦できる」ことが、株式型クラウドファンディングの大きなメリットです。

■「クラウドファンディングに失敗する人」の、よくあるパターンとは？

ここで紹介した事例を見てもわかるように、「購入型」「株式型」という違いはあるものの、**クラウドファンディングに共通するメリットは、「ファンをつくりながら資金を集められる」という点**です。

多くのみなさんは新規事業をスタートさせるとき、「ファンをつくる前に、金融機関から お金を借りる」という順番で進めています。そうではなく、「まずファンを増やしながら、ファンからお金をもらう」という方法にチャレンジしてみるべきです。その方法で資金調達できれば、他者からお金を借りる必要などないのです。

また、クラウドファンディングの**もうひとつの大きなメリットは、「テストマーケティング（試験販売）ができる」こと**にもあります。とくに、購入型クラウドファンディングでは、本格的に商品開発・製造して一般販売する前に、「テストマーケティング」によって、その商品・サービスが本当に売れるか否かをリサーチできるので、失敗のリスクを回避するうえで非常に大きなメリットとなります。

新商品・サービスを開発する場合、多くの企業は、それが本当に売れるかわからず、「新商品・サービスとして市場に出す判断がしづらい」「売上予測が立てづらいため、在庫過多や機会損失などのリスクが発生しやすい」といった問題に直面します。しかし、クラウドファンディングで「テストマーケティング」ができれば、それらの問題が解消され、「実績をもとにした新たな販路開拓」や「在庫リスクの抑制、売上の早期獲得」ができるのです。

先に、「売るが先」のビジネスモデルを構築・成功させるには、「企画書・提案書を身近な人に見せ、ヒアリング・提案・テストマーケティングをする」「まずは身近な人に資金提供者、ロイヤルカスタマーになってもらう」ことが重要だと述べました。クラウドファンディングは、その手法の拡大版と言ってもいいでしょう。

たとえば、私が事業展開している会員制バーの立葵においては、入会金3万円でバーの一口オーナーとなることができ、メリットとして、月額の会費5000円が飲み放題に充当されること、勉強会や交流会が開催されることなどを、提案書にまとめています。それにより、まだオープンしていないどころか、店名も場所も決まっていない段階で将来のお客様を集めることができました。

クラウドファンディングによる資金調達を成功に導くポイントは、「いかに支援者、ファンを増やすか」です。もうひとつ、**忘れてはならない重要なポイントは、「継続課金モデルで応援してもらうこと」**です。

とくに購入型クラウドファンディングでは、「単発の商材を売るために友人・知人に声をかけて義理で買ってくれたものの、1回のプロジェクトで終了。それ以降のプロジェクトが続かない」というパターンがよくあります。おそらくそのせいか、「クラウドファンディングって、手間ひまかかるわりには、意外にうまくいかないよね」「そんなに簡単に、資金集めできないらしいね」といった懐疑的な見解が散見されます。

しかし、クラウドファンディングは、やり方次第で事業を成功に導くことができます。「クラウドファンディングをやってみたけれど、うまくいかなかった」と言っている人は、「最初の商品を売り切って終わり」「新規プロジェクトの初期資金のみゲットして終了」というパターンが多く、ビジネスモデルを十分に繰り上げられていないのです。

クラウドファンディングは、「ファンをつくる」ことによって利益を生むビジネスモデルです。したがって、「売り切り型」ビジネスモデルではなく、「継続課金型」ビジネスモデルとの親和性が高く、「継続してお客さんになってもらう」「長期間にわたって応援してもらう」ことに比重を置いて展開することが大事です。

そのためには、支援者が「リピート購入したくなるような商品」「継続して応援購入したくなるようなサービス、コンテンツ」を提供し続けることが重要です。

まずは自社商品・サービスの「ファン」「支援者」になってもらい、その人たちにプロジェクトを軌道に乗せるための燃料である「初期費用」を払ってもらう。そのうえで、引き続き「お客さん（購入者・顧客）」としても継続利用していただく。そうした流れをつくることが、理想的なクラウドファンディングの活用法なのです。

新たな経済圏を生み出す？「NFT」の活用による資金調達

■デジタルの世界に新たな資産価値を生み出した「NFT」

「脱自己資金」「脱借入」経営のための資金調達方法としてお勧めしたいのは、クラウドファンディングだけではありません。いま何かと話題になっている「NFT」の活用による資金調達も、ぜひチャレンジしてほしい資金調達方法です。

本題に入る前に、そもそもNFTとはどのようなものかをきちんと理解しておく必要があります。

NFT（Non Fungible Token）とは、2021年初頭から急激に取引量が伸びている「非代替性トークン」で、「データの所有権」といったデジタル世界における権利を記録できるデジタル資産を指します。

これまで「デジタルアート」などのデジタル資産は、簡単にコピー・複製ができたため、「資産価値」が生まれにくい状況にありました。デジタルデータは、「それが唯一無二のものである」ことを証明することが極めて難しかったのです。しかし、**NFTによって「自分が保有するデジタル資産を唯一無二の存在として証明」できるようになり、デジタルの世界に新たな資産価値が生まれるようになった**のです。

ちなみに、前述の「共同オーナー制」バーなど、いま私が展開している、いくつかの「コミュニティ&サブスク型」ビジネスモデルにおける会員権も、NFTで発行しています。先ほど述べたように、NFTには「資産価値」があり転売も可能なので、顧客・ユーザーに、「NFTで会員権を買えば付加価値が高いから、通常の会員権購入より大きなメリットがある」と感じてもらえるのです。

■NFTの活用で「累計3800万円相当」の資金を調達した注目プロジェクト

ここで、「NFTの概念はわかったけれど、資金調達におけるNFTの位置づけが、いまひとつピンとこない」という人がいると思います。そこで、まずは具体的な「NFTを活用した資金調達」の成功事例を見てみましょう。

株式会社THE BATTLEは、2021年11月に、あるプロジェクトの資金調達のために、NFTを活用した次世代型クラウドファンディングを実施し、累計3800万円相当の資金を調達したと発表しました。

同社と複数他社が共同設立した組織「CryptoAnime Labs」が販売したのは、「パスポートNFT（初期ラボメンバー・パスポートNFT）」「手裏剣NFT」というNFTで、販売時間総計1分で、2万枚以上が完売したそうです。

販売されたNFTは、世界最大のNFTマーケットプレイス「OpenSea」で取引されている、「忍者」がモチーフのNFTコレクション『CryptoNinja（クリプトニンジャ）』のアニメ化プロジェクトの応援に使用できます。ちなみに「NFTコレクション」とは、「ゲームファンのための宝物」をコンセプトに、制作されたゲーム内や作品内のデジタルコンテンツをコレクションして楽しめるサービスです。

この資金調達プロジェクトは、「『国内外からの世界共通の暗号資産の即時着金』『為替・決済手数料などの中抜きゼロ』『応援活動の可視化と永続的な履歴保持』などを実現し、Web3時代の新たなクラウドファンディングのありかたを示した」と報道され話題になりました。

■NFTは、「誰もが発行でき、売買できる切手」のようなもの

ＮＦＴを活用した資金調達は国内でも徐々に増えていますが、まだまだ普及途上の資金調達方法です。ですが、クラウドファンディングと同じように、「脱自己資金」「脱借入」経営を実現する新たな資金調達方法として、今後広がりを見せていくと思われます。

ＮＦＴの活用による資金調達は、「脱自己資金」「脱借入」経営の実現に寄与するだけでなく、これから社会全体、世界の経済全体に大きな変革をもたらすかもしれません。ＮＦＴの出現によって、「資産の世界における民主化」が実現しつつあるからです。どういうことか、わかりやすい例を挙げて説明しましょう。

私は、ＮＦＴのイメージを「価値の高い切手」のようなものと捉えています。

いまではだいぶ減ってしまったようですが、切手のコレクターがいます。彼らは、国内外の珍しい切手、美しいデザインの切手、記念切手などを収集し、コレクター間でコレクション を見せ合ったり、切手を交換するなど、コレクター同士の交流を楽しんでいます。

また、額面よりも高値で取引される「プレミア切手」の収集と売買も彼らの楽しみのひとつです。「価値の高い切手」は、ある種の「資産価値」を持っているのです。

NFTも、そこには「資産価値」があり、転売も可能です。つまり、NFTは「誰もが発行でき、売買できる切手」のようなものです。

この、「誰もが発行できる」「誰もが売買できる」という点が重要です。なぜなら、それは、お金（資産）の世界における、ある種の「民主化」が進んだと言えるからです。

メディアの世界に目を向けてみてください。かつて情報発信できる権限は、テレビ、ラジオ、新聞といった大手メディアしか持っていませんでした。それがいまや、YouTube、SNSなどで誰もが自由に情報発信できるようになりました。情報発信者としてのマスメディアの権威が下がり、情報発信の「民主化」が進んだのです。

同じことがお金（資金調達）の世界でも起きています。クラウドファンディングやNFTの活用により、誰でも工夫次第で簡単・スピーディに資金調達できるようになり、いままでは多額の資産・資金を持っている特定の人しかできなかった大型プロジェクトの立ち上げ・運営も可能になりました。お金（資金調達）の世界でも「民主化」が進んでいるのです。

その結果、「Web3.0（分散型、非中央集権型のインターネット）」の時代における「新たな経済圏」が生まれつつあります。これからのビジネスは、「その経済圏のなかで、どうやってうまく資金調達し、いかに低リスクでスピーディにビジネスを展開できるか」が最重要課題となっていくでしょう。

資金調達と事業を成功に導く「どうやって資金調達するか」の前に考えるべきこととは？

■順番を間違えるな！　資金調達の最適化を進める「4ステップ」

　ここまで、「クラウドファンディング」と「NFT」の活用による資金調達の成功事例を中心に見てきました。ここで「脱自前主義」「脱借入」経営の実践における全体の流れ（ステップ）を整理しておきます。

「脱自前主義」「脱借入」経営では、つぎの4つのステップで資金調達を進めることが重要です。

①「事業計画書」「商品・サービスの提案書」を作成し、身近な人たちに説明・提案する
②「クラウドファンディング」「NFT」の活用による資金調達&ファン獲得（初期課金）
③顧客への「継続課金」で、さらなる資金調達と利益拡大を目指す

④金融機関から借入する、または投資家からの出資を受ける（必要な場合）

まずしなくてはいけないことは、「事業計画書」や「商品・サービスの提案書」の作成です。実際に資金集めをする前に、「自分がやろうとしている新規事業の正しさ」を証明する、つまり「成功の根拠」を明らかにする必要があります。それを明文化して資金提供者に納得してもらわなければ、お金を出してもらえません。

「事業計画書」「商品・サービスの提案書」を作り、身近な人たちに説明・提案して好感触が得られたとしても、すぐに運用に入ってはいけません。彼らの反応やフィードバックを参考に、計画書や提案書を、さらにブラッシュアップしていくべきです。この時点でいかにしっかりとした商品・サービス設計をするかが、資金調達だけでなく、事業の成功・失敗を左右するので、妥協は禁物です。

「これなら必ずうまくいくはず」という「事業計画書」「商品・サービスの提案書」ができたら、いよいよ資金調達です。「クラウドファンディング」や「NFT」の活用による資金集めにチャレンジしてみましょう。このフェーズは、いわば「初期課金」の段階です。ファンになってもらう資金提供者を「将来的な重要顧客（ロイヤルカスタマー）」と位置づけ、「継続課金」の前の「初期課金」をするのです。

「初期課金」によって最初の資金調達ができたら、つぎのステップは「顧客への『継続課金』で、さらなる資金調達と利益拡大を目指す」です。

前述したように、クラウドファンディングでは、「最初の商品を売り切って（初期資金をゲットして）終わり」というパターンが散見されますが、それでは中途半端です。ファンになってくれた人々に「継続してお客さんになってもらう」「長期間にわたって応援してもらう」ことで継続課金し、事業拡大などつぎなるステージへとステップアップしていきたいものです。

そして最後のステップが「金融機関からの借入」や「投資家からの出資」です。「クラウドファンディングやＮＦＴによる資金調達をやってみたけれど、うまくいかなかった」「新規プロジェクト立ち上げに必要な、十分な資金を得られなかった」という場合に、最終手段として「金融機関からの借入」や、「ベンチャーキャピタルなどの投資家から出資を受ける」という方法をとるべきです。

金融機関からお金を借りたり、投資会社から投資してもらうよりも、お客さんになってもらいながら、同時に資金提供者にもなってもらえれば、これほどありがたいことはありません。「売るが先、借りるはあと」という順番が大切なのです。

■あなたの会社は「ユニコーン病」になっていないか？

この4ステップを踏んで資金調達し事業展開すれば、新規事業において失敗することは、ほぼないはずです。むしろ「失敗のしようがない」「赤字になりようがない」と言ってもいいかもしれません。もし資金調達やファン獲得ができなければ、「その事業は実行しなければいい」のです。

「そうは言っても、誰もがそんなにうまくいくはずがない」「あくまでも理想論では？」という声が聞こえてきそうですが、この方法は理想論ではありません。私は長年、さまざまな企業を見てきて、また私自身いろいろな事業にチャレンジしてきて、多くの事業がうまくいかない理由は、「この4ステップを実践していない（順番を間違えている）から」という点につきると断言できます。

多くの会社がこのステップを踏まずに、「見切り発車」で新規事業をスタートさせています。それではうまくいくはずがありません。そこには、「失敗を恐れずに、まずはやってみよう！」という思いがあるのかもしれませんが、それはどう考えても得策ではありません。明らかに、失敗する確率のほうが高いからです。

新規事業を立ち上げるのなら、「えいや！」で始めて試行錯誤するのではなく、「先に試行錯誤する」べきです。「あと追いの苦労より、先取りの努力」という言葉がありますが、先に苦労して（努力して）おけば、あとで苦労しなくてすむのです。

ベンチャー企業が新しいプロダクトを開発・商品化して、まだ利益が出ていない（赤字状態）にもかかわらず、いきなり「（投資家からの出資などで）業績好調につき、5億円の資金調達に成功しました！」などとよく、発表しています。きちんと黒字化するビジネスモデルとして完成していない状態で、借入や出資で多額の資金調達をしているのです。

「利益が出ていない（赤字）にもかかわらず売上を伸ばしている」のは、まだ自社のシェアを奪いにくる競合がいないからです。自社と同じようなサービスをあと追いで展開されてシェアを奪われたら、いよいよ資金回収というときに経営危機に陥るリスクがあります。

にもかかわらず、借入や出資で多額の資金調達をしている企業は、私からすれば、「何か勘違いしていませんか？」「そんなリスクをとって、気は確かですか？」という感じです。「順番を、リスクの取り方を間違えている」のです。

私は、こうした企業・現象を「**ユニコーン病**」と呼んでいます。ユニコーン企業とは、評価額が10億ドルを超える、設立10年以内の未上場のベンチャー企業のことです。日本では、スマートニュース、メルカリなどがユニコーン企業として有名です。ユニコーン企業の多くが、赤字の状態で資金調達をして、赤字のまま上場するケースが珍しくありません。積極投資を行なった結果として赤字になるのはいいのですが、自社の事業規模に合わない経営をしていても「ユニコーンを目指している」ということが多々見受けられます。

みなさんの会社は、「ユニコーン病」になっていないでしょうか？　もう一度自社の資金調達の方法を見直してみてください。

■「三方よし」を突きつめれば、お金はあとでついてくる

新規事業の成功において重要なのは、まず、お客さんが「こんな商品・サービスなら絶対に買う（利用する）」と言ってくれるレベルの商品・サービスをつくることです。多くのお客さんが本当に納得する商品・サービスになるよう、徹底的に磨き上げてからリリースすれば、リリース後に赤字になる確率は限りなく下がります。

「ユニコーン病」の企業は、「スピード重視でお金を集めて、一気に事業展開していくことに価値がある」と考えているようですが、重要なのはそこではなく、「商品・サービスの質」です。**事業成功の秘訣は、「事業をスタートしてから、いかにお金を集めるか」ではなく、「いかにお金が減らないビジネスモデルをつくってからスタートするか」「いかに入念な準備（先取りの努力）をしてからスタートするか」に尽きる**のです。

冒頭で、本章のテーマは「カネ」＝「資金調達方法」の見直しであり、みなさんに提唱したいのは「資金調達の自前主義をやめる」ことだと述べました。「資金調達の自前主義」をやめれば、「低リスクでスピーディに儲けを生み出すビジネス」を実現できます。

そして何より重要なのは、みなさんが持っている「資金調達に対する既成概念」にとらわれることなく、本章で述べたような新しい発想でビジネスを推し進めることです。

まずすべきは、「どうやって資金調達するか？」を考えることではありません。「どんな商品・サービスなら、多くの人に応援してもらえて、顧客と世の中の役に立つのか？」を徹底的に考えることです。その段階にどれだけのエネルギーを費やすかで、資金調達と事業の成否が決まります。

近江商人の経営哲学に「三方よし」があります。「買い手よし、売り手よし、世間よし」、つまり「商売において、売り手と買い手が満足するのは当然のこと。さらに、社会に貢献できてこそよい商売といえる」という考え方です。

まず、この「三方よし」の考えをもって、突きつめてよりよいビジネスモデルを考えれば、お金はあとでついてくるのです。資金調達では、その「順番」を間違えないことが、事業展開における最も重要な「成功のセオリー」なのです。

Chapter 3　まとめ

▶うまくいくかわからないビジネスで、お金を借りるのは愚策。特に飲食店開業時の借入は「脱所有経営」の観点において、避けるべき資金調達方法

▶飲食店ビジネスで「まずは売る」という資金調達方法を取れば、開業前に初期コストを回収し、損益分岐点を超えた状態で事業を開始できる

▶クラウドファンディング活用においては、「売り切り型」ではなく「継続課金型」ビジネスモデルに比重を置いて展開すべし

▶NFTによって、誰でも工夫次第で簡単・スピーディな資金集めが可能となった。「新たな経済圏」のなかで、いかに低リスク＆スピーディにビジネスを展開できるかが最重要課題となる

▶資金調達の前に徹底的に優れたビジネスモデルを考えれば、お金はあとでついてくる。「順番」を間違えないことが「成功のセオリー」である

Chapter 4

情報
「社外のナレッジ・人脈」の活用で
レバレッジを効かせる

多くの会社は「知識・情報不足」のせいで損をしている！

■自社内のナレッジだけでは、時代の変化についていけない

ここまで「脱自前主義」経営について、ヒト、モノ、カネというテーマで考えてきました。パート１の最後のテーマは、「情報」です。本章では、「情報」という経営資源の活用方法を見直し、「脱自前主義」経営を実践する方法について考えていきます。

「情報」とは何を指すのか、最初に明確にしておきましょう。

一般的に経営資源という文脈上で語られる「情報」とは、「企業独自のノウハウ、企業が所有する顧客情報や統計データ、著作権、特許など」です。また、「地域やコミュニティとのつながりなど無形の資産」も、経営資源としての情報に含まれます。

「脱所有経営」の基本的な考え方は、「経営資源をできるだけ所有しないほうがいい」と

いうものですが、「情報」も例外ではありません。ヒト、モノ、カネと同様に「脱自前主義」を目指すべきなのです。

ここで多くの人は、「ヒトやモノを所有しない、というのはわかるが、『情報の脱自前主義』とはどういうことだろう？」と疑問に思うのではないでしょうか。誤解のないように言っておきますが、「脱所有経営」における「情報」とは、先ほど挙げた一般的な経営資源としての情報すべてを指すわけではありません。顧客情報や統計データ、著作権、特許などは、当然、自社で所有して厳密に管理すべき情報です。

「脱所有経営」における**「情報」とは、経営がうまくいくために必要な「ナレッジ」、すなわち「知識や知見、ノウハウ、技術や技能、経験」**などです。つまり、本章ではみなさんに、**社内（経営者や社員）が有するナレッジだけに頼ることはやめ、「社外のナレッジ」に目を向けて、それらを最大限に有効活用すること**を提案します。

「社外のナレッジを、最大限に有効活用する」とは、具体的にどういうことでしょうか？それは、自分たちが持っていない（知らない）知識や知見、ノウハウ、技術や技能などを提供してくれる（教えてくれる）、社外の人や会社とのつながりを強化することです。

ここでいう社外の人や会社とは、おもにつぎの４つに分類されます。

①　アウトソーシング先
②　士業などの専門家
③　事業・業務提携先（パートナー）
④　尊敬・信頼できる優れた経営者（または経営者仲間）

これら外部の人や会社から、経営者または自社が持っていない、有益で豊富なナレッジを提供してもらうことにより、低リスク・高スピードで効率よく儲けを生み出せる「脱所有経営」を実現できるのです。

近年、**「オープンイノベーション」**という考え方に注目が集まっています。

オープンイノベーションとは、**事業の改革や刷新（イノベーション）を達成するために、自社外にあるリソース（資源）を積極的に活用すること**です。オープンイノベーションを推進することによって事業の成長スピードが増し、ランニングコストが削減でき、新たな知識や技術・ノウハウを自社に蓄積できるようになります。また、自社以外のパートナーと連携することによって、ともに新たな価値を創出できる可能性も高まります。

これからは、自社内だけのナレッジ、経営者や社員だけの知識や経験、技術や技能だけに頼っていると経営判断を誤ったり、経営スピードや生産性の低下、コストの増大を招いたりと、さまざまな経営上のリスクが増える可能性があります。自社内にある限られたナレッジだけでは、世の中やビジネスの変化についていけないからです。

本章では、「経営者や企業が本来持っているべき知識や知見、情報が不足していると、どんな問題が起こるのか？」「社外ナレッジを有効活用できる会社、できない会社にはどんな差が出るのか？」「アウトソーシング活用や、士業など専門家による支援の重要性」といったテーマで、今後あるべき経営の姿を考えていきます。

また、**社外ナレッジの有効活用において非常に重要な鍵となるのは「パートナーシップ」と「人脈」**です。社外ナレッジ活用効果を最大化するためには、外部の人や会社と、単なる外注ではない「パートナー」の関係を築くのが理想です。また私は、人脈こそが「社外ナレッジの源泉」であると考えます。そのあたりの詳細については、本章の最後に、「パートナー」「人脈」の意義や重要性、さらに、「人脈を広げる方法」なども含めて解説しようと思います。

■「適正品質・価格」がわからないと生産性・コストに大きな差が出る

ここからは、「経営者や企業が、本来持っているべき知識や知見、情報が不足していると、どんな問題が起こるのか？」について考えていきます。

当然のことですが、経営ではどのような局面においても、つねに正しい情報・知識を持っていないと、正しい経営判断ができません。ここでは、正しい情報・知識を持っていないと、実際にどのような問題が発生するのかを、身近な例で見ていきましょう。

ここで注目したいのは、モノやサービスの「適正品質」「適正価格」についてです。結論から言うと、会社で購入・導入するモノやサービスの「適正品質」「適正価格」を知らないと、生産性・コスト面で大きな差が出てきます。具体的な例を挙げて説明しましょう。

第2章でもお話ししましたが、経営者の多くはパソコンについての基本的な知識が不足しているために、「いま自社で使っているパソコンを、いつどのタイミングで買い替えるべきか？」「買い替えるとしたらどの機器がいいのか？」について正しく判断できません。

その結果、従業員は低スペックのパソコン、または経年劣化でパフォーマンスが低下したパソコンを使い続け、仕事の生産性低下を招いてしまうことが多々あります。そこで、業務で使うパソコンは購入するのではなく、リースやレンタルサービスを利用して、つねに最新スペックのパソコンを使うことをお勧めしました。

ポイントは、購入、リース、レンタルにかかわらず、パソコンの「適正品質」や「適正価格」がわからない人がパソコンを選んでしまうと、さらなる問題が発生することです。

経営者やパソコン導入の決定権を持っている人は、「どれくらいのスペックを持ったパソコンがあれば、従業員がストレスなく仕事でき、生産性が向上するのか？」を理解している必要があります。それを理解していないと、つぎのような問題が発生します。

- 業務ごとに必要なソフトウェアなどがわからず、「必要なソフトウェアがインストールされていないパソコン」を導入してしまう。
- パソコン選びで、もっとも重要なＣＰＵやメモリ、ストレージなどの基本的なスペックがわからず、「スペック不足のパソコン」を導入してしまう。
- そのパソコンを使う業務に必要のないシステムやソフトウェアが搭載された、「必要以上にハイスペックで高額なパソコン」を導入してしまう。

このように、パソコンの「適正品質」「適正価格」がわかっていないと、低いスペックのものを導入してしまうか、もしくは必要以上に高いスペックのものを「高値づかみ」してしまうか、のどちらかです。その結果、業務に支障をきたして生産性の低下をまねくか、よけいなコストがかかってしまうことになります。つまり、**「適正品質」「適正価格」がわからないと、生産性低下だけでなく、コストの面でも大きな差が出てくる**のです。

■コピー機、名刺制作、ウォーターサーバーの価格相場を知っていますか？

パソコンだけでなく、どんな物品・サービスを購入・導入する場合でも、まずは「適正品質」がわからないと「適正価格」もわかりません。「この品質・スペックなら、この価格は適正だな」「この品質・スペックにしては、この価格は高すぎるな」と判断できないのです。その結果、先ほどのパソコンの例のような問題が起こるのです。

パソコン以外にも、オフィスで使っているさまざまなモノには「適正価格」、いわゆる「相場（平均）価格」がありますが、みなさん、意外にその「相場（平均）価格」を知りません。いくつか具体例を挙げてみましょう。

たとえば、みなさんがオフィスで使っているコピー機・複合機です。

通常、オフィスでリースしているコピー機・複合機は、「カウンター料金制」になっています。カウンター料金とは、コピーやプリントをするさいに、「モノクロ1枚○円、カラー1枚○円」といったように、用紙1枚ごとに課金される料金です。このカウンター料金制によって、1枚あたりの単価×利用枚数で計算された料金が、リース会社から毎月請求されます。

ところでみなさんは、コピー機・複合機のカウンター料金の「相場（平均）価格」がいくらか、ご存知でしょうか？　これは、ある企業4社が実際にリース会社と契約しているカウンター料金の例です。

- A社：9円（モノクロ）、40円（カラー）
- B社：3円（モノクロ）、20円（カラー）
- C社：1・3円（モノクロ）、12円（カラー）
- D社：0・7円（モノクロ）、7円（カラー）

このように、カウンター料金は会社によってまちまちで、大きな差があります。その機器を提供するリース会社やメーカー、機器のスペックや月の印刷枚数、導入する会社の規模（社員数）などによって異なるのです。

また、1台あたりの月額リース料も5000〜6000円から2万円台と幅があり、本体価格も数十万円から100万円以上とさまざまです。つまり、コピー機・複合機のリース契約をするさいの価格は、リース会社とうまく交渉しないと、必要以上に高い金額で契約させられてしまう可能性があるのです。

ただ、カウンター料金には相場がないとはいえ、それなりに目安となる価格帯があります。たとえば、毎月1000枚以上印刷するなら「モノクロ1枚1円、カラー1枚10円」といった感じです。そうした**平均額を知っていれば、相場よりも極端に高い契約をしてしまうリスクは避けられる**でしょう。

パソコンやコピー機・複合機以外にも、会社で購入・導入する物品の「相場（平均）価格」を知らない、または、「もっと安くなる方法」を知らないと、よけいなコストがかかってしまうものがたくさんあります。

たとえば、みなさんの会社では、社員用の「名刺」制作をどこに発注していますか？　毎回、昔からつき合いのある印刷会社に惰性で発注して、相場よりも高い料金を支払っていないでしょうか？　名刺はいまや、インターネット上で印刷サービスを提供している通販系の会社に発注すれば、「両面カラーで、100枚1000円程度」で作れます。

また、福利厚生として設置している「ウォーターサーバー」の年間費用がいくらかかっていて、それが相場価格と比べて高いのか安いのかをご存知でしょうか？　実はオフィス用ウォーターサーバーは、提供会社によって倍以上価格が違うことがあるのです。

■個人でも使っているものは、「法人契約」しないと高くつく

ここでもうひとつ、押さえておくべき重要なポイントがあります。それは、**一般的に個人ユーザーに使われているモノやサービスには「法人向けサービス」「法人価格」があり、それを知らずに契約すると損をしてしまう**ことです。

代表的な例が「携帯電話」です。みなさんの会社では、業務用の携帯電話をどのような契約にしていますか？　経営者や担当者名義で個人契約にしていないでしょうか。もし個人契約にしていたら、あなたの会社は携帯電話によけいなコストを払っていることになります。会社で業務用の携帯電話を導入する場合、「法人用の携帯電話契約」にしたほうが個人契約よりお得になる場合が多いからです。

ちなみに携帯電話の法人向けサービスには、キャリアごとにさまざまなプランがあります。どのプランが一番お得か（自社にとって最適なプランか）、よく吟味・検討して選ぶことを

お勧めします。また、法人携帯専門の販売店なら、最新機種が特別価格・特典つきで購入できるケースもあるので、そうした販売店で購入することも検討してみましょう。

ほかにも、工夫次第でコストを下げられるものがあります。たとえば「銀行振込の手数料」です。一般的に、銀行振込の手数料を削減するには、おもにつぎのような方法があります。

① インターネット銀行、インターネットバンキングを利用する

インターネット銀行の多くは、手数料が安く設定されているので、インターネット銀行を利用するだけで振込手数料を下げられます。また、「インターネットバンキング」を利用すれば、銀行窓口やＡＴＭで振り込むよりも、手数料が安くなる場合があります。

② 銀行と価格交渉する

銀行と「振込手数料の価格交渉をする」のも削減方法のひとつです。多くの人は、「銀行の振込手数料は決まっているので、値下げ交渉などできないのでは？」と思っています。しかし、実はほかのサービス同様に価格交渉が可能です。

③ 従業員の給与振込口座を同行同支店にする

従業員の給与振込口座を、振込で利用する銀行口座と「同行同支店」にすることで、手数料を減らせます。同行同支店の場合、振込手数料が無料になる場合も多いので、振込にかかるコストをゼロにすることも不可能ではありません。

④ 振込代行サービスを利用する

企業に代わって振込手続きをしてくれる「振込代行サービス」というものがあります。サービス会社に依頼すれば、指定期日に提携金融機関へ振込されます。多くの場合、通常の振込手数料よりも安く振込ができます。

携帯電話や銀行振込のように、個人でも使っているモノやサービスには、個人契約とは別に「法人向けのサービス」があったり、工夫次第で法人ならではの恩恵が受けられたりする場合があります。また、法人向けサービスにも相場があるので、それらを知らないと大きなコストの差が出てくることになります。

■汎用的な商品を販売する会社は「情報弱者」が好き

適正品質、適正価格を知らないと、さらに大きな問題が発生するリスクがあります。それは、「できるだけ高く売りたい」と考えている会社（いわゆる営業会社）のターゲットになってしまうことです。

営業会社は、相場をよく知っているお客さんには相場価格で販売しますが、相場をよく知らない人、適正品質、適正価格がわからない相手には高く売ろうとします。営業会社にとって一番いいお客さんは、「いやあ、ちょっとわからないですね」「あまり気にしたことないんでね」というお客さんです。そうした相場観を知らないお客さんには高く売れるからです。

売る側からすれば、「いま御社で使っているコピー機って、カラー1枚いくらで、白黒だと1枚いくらで契約しているんですか？」と聞いたとき、「ああ、うちはモノクロ○円、カラー○円で契約していますよ」とか、「カラーの相場がだいたい10円から20円だけど、うちは6円にしてもらっているんだよ」と答えられたらどうでしょう？　営業会社からしたら「適正価格がよくわかっている、売りにくいお客さんだな」と思うでしょう。お客さんから「いやいや、そんな価格、明らかに相場より高いですよね」と言われたら、「よくご存じですね」と言って相場または相場以下の価格で売るのです。

とくに、例に挙げたコピー機・複合機やウォーターサーバーなど、どこの会社でも使っている汎用的な商品（世の中に広く流通している商品）を売っている営業会社の人たちは、すべてというわけではありませんが、言葉を選ばずに言えば、「情報弱者になるべく高く売りつけて利益を出す」という手法をとっています。彼らにとって、品質や価格に対する知識がない人は格好の餌食です。そうした会社が「お得意先」と呼んでいる会社は、商品の良し悪し、適正価格が判断できない、「いいカモ」の会社のことを指すのです。

ここまでの話で、本来知っておくべき知識や知見、情報が不足していると、どんな問題が起こるのか、わかったでしょうか。多くの会社は「知識・情報不足」のせいで損をしています。まずはそのことをしっかりと認識して、「はたして自社は、何かによけいなコストを支払っていないか？」「もっとコストを下げられる、別の契約方法があるのではないか？」「営業会社の、いいカモにされていないか？」を、あらためて確認してみましょう。

「適正品質」「適正価格」がわからない場合、どうしたらいいのか？

■「相見積もり」を取ることで安心すると、業者の思うつぼ

ここまで、適正品質、適正価格など、本来知っているべき情報を持っていないと、どのような問題が起こるのかを説明してきました。

では、つねに正しい情報（適正品質、適正価格）を得るにはどうしたらいいのでしょうか？「インターネットで徹底的に調べればいいのでは？」と思う人もいるかもしれません。確かにインターネットで調べれば、価格比較サイトなどで、ある程度のことはわかるかもしれません。しかし、先ほどのコピー機・複合機のカウンター料金のように、ケースバイケースで料金がまちまちで、ネットで調べても「これが相場である」という金額がわからない場合もあります。また、ネット上の情報をすべて鵜呑みにして信用することはやめましょう。インターネット上で検索して出てくる情報は、企業の広告宣伝、ＰＲを目的とした

コンテンツである場合が多いからです。

購入商品を高値づかみしないためには、「いろいろな会社から相見積もりを取って、一番安いところを選べばいいのでは？」と思う人もいるでしょう。確かに、「できるだけ安い会社に発注したい」と思ったとき、相見積もりを取るのは一般的な方法です。しかし、そこに大きな落とし穴があります。相見積もりを取っても、そもそも適正品質、適正価格がわからなければ、そのなかで一番安いところを選ぶことになるだけで、結局、確実に適正品質のものを適正価格で買うことはできません。**「安い」ことはわかっても、その安さが、はたして「品質に見合う適正な価格なのか」の判断がつかない**のです。

たとえばスーパーで玉ねぎを買おうとしているとします。淡路島産の玉ねぎが３玉１９８円で、中国産の玉ねぎが３玉１１０円だったとき、みなさんは、それが品質に見合った適正価格かわかるでしょうか？「品質（味）がいいか悪いか」「値段が高いか安いか」はわかっても、その玉ねぎが、「品質に見合った適正な価格で売られているか」まではわからないのではないでしょうか。そこで、何となく「国産がいいかな」「とりあえず安いほうがいいかな」という判断基準で買ってしまうのです。

同じように、相見積もりを取っても、単に安いほうを選ぶだけで、適正品質、適正価格がわからないまま買ってしまうのです。それでは、「最初はできるだけ安い見積もりを出して、この案件を獲得しよう」「正直、他社に比べて品質は劣るけれど、とりあえず安くして買ってもらおう」と考えている業者の思うつぼです。その業者は、その案件を獲得したあと、次回以降の案件で値段を吊り上げてくるかもしれません。

■適正価格がわからなければ「コスト削減会社」を利用してみる

では、適正品質、適正価格がわからない人はどうしたらいいのでしょうか？

ここでみなさんに**お勧めしたいのが「コスト削減会社」の利用**です。コスト削減会社とは、その会社で導入しているさまざまな物品やサービスにかかっているコストの削減をサポートしてくれる会社です。

コスト削減会社は実際に私も活用しているのですが、コピー機・複合機や法人向け携帯電話の相場価格がわかっています。そこで、その物品・サービスの提供会社に、「これは少し相場よりも高く売っていますよね。もう少し値段を下げられませんか？」などと値下げ交渉をしてくれます。交渉の結果、値下げしてもらえたら、元の価格との差額の何割かをコンサルティング料としてもらうというビジネスモデルです。

たとえば、コスト削減サービスを提供している会社として、ソフトバンクの子会社で「ディーコープ」という会社があります。同社では、「間接経費のコスト削減支援」サービスを提供しています。同社が長年にわたって培った情報やノウハウを活用して、間接経費（間接材・サービス）の適正価格での購買をサポートしてくれるのです。

間接材・サービスの品目例としては、機械警備、レンタルマット、清掃、電気・ガス料金、制服、健康診断、社員引越、エレベーター保守点検、消防点検、ＯＡ機器、コールセンター業務委託、総合ビルメンテナンス業務などです。

同社では、ほかにも「リバースオークション」を活用した支援サービスを提供しています。リバースオークションとは、買い手企業が売り手企業を選定する「逆オークション」のことです。買い手企業は、間接経費分野の商材・サービスの、仕様・購入条件などを提示し、それに対して売り手企業は、ウェブサイト上でリアルタイムに「見積価格」を提示（入札）します。

売り手企業は、他社の「最低見積価格」を把握しながら、等しい条件のもと「見積価格」を提示できます。最も安い価格をつけた売り手企業が、自動的に取引先として選ばれる仕組みです。

ただし、こうしたコスト削減会社は、慎重に利用する必要があります。あまり任せきりにすると、高額な費用がかかる場合があるからです。「情報弱者は二度食われる」という言葉があります。つまり、情報弱者はまず営業会社に高値づかみさせられて、つぎにコンサルティング会社などにコンサル料を持っていかれるのです。

そうならないためには、**外部コンサル会社に依頼することなく、自分で適正価格を判断できるようになるのが最終的な理想**です。

コスト削減会社がやっていることは、適正品質を把握し、そのうえで大量の相見積もりを取って、その中から品質と価格のバランスが取れたものを選ぶという作業です。これは本来経営者が自分でしっかりやるべきことです。コスト削減会社に依頼せず、最初から経営者自身が自分で判断できるのが理想なのです。

■正しい情報は複数の「信頼できる経営者」に聞くのが確実

ここまでの説明で、本来持っているべき知識や知見が不足していると、どんな問題が起こるのか、イメージがつかめたのではないでしょうか。また、その問題を解決するには、どのような方法があるのかも少しわかったと思います。

さて、ここからが本論です。確実に適正品質、適正価格に関する正しい情報を知るにはどうしたらいいのでしょうか？

「コスト削減会社」の利用は、あくまでもひとつの手っ取り早いコスト削減手法にすぎません。私がみなさんに提案したいのは、冒頭でも述べたように、あくまでも「社外ナレッジの有効活用」であり、そのためには、ナレッジを提供してくれる「パートナー」「人脈」を持っている必要があります。適正品質、適正価格を知るためにも、社外の「パートナー」「人脈」を活用すべきなのです。

適正品質、適正価格を知るために社外の「パートナー」「人脈」を活用するとは、シンプルに言えば、**「適正品質、適正価格がわからなければ、適正品質、適正価格をよく知っている、信頼できる知り合いの経営者に聞く」**ことです。

たとえばコピー機・複合機選びの場合なら、信頼できる経営者仲間（複数人）に、「どこの会社から、月額いくらで借りていますか？」「カウンター料金は、カラーとモノクロで、それぞれ1枚いくらですか？」と聞いてみるのです。銀行振込手数料についてなら、「振込手数料の削減って、どうやっていますか？」と聞いてみるといいでしょう。

前述したように、インターネット検索で出てくる情報の多くは、「売り手側が発信している情報」です。みなさんも、何か調べたいことがあって検索したとき、企業のウェブサイトばかりが表示されたり、「これはなかなか役に立ちそうな情報だな」と思って読んでいくと、最後に会社のPR情報やユーザーを誘導するためのURLが載っていたりして、「なんだ、企業のPRだったのか……」と思った経験があるのではないでしょうか。

売り手側が発信している情報だけでは、適正な情報を収集したとは言えません。**正しい情報を手に入れるためには、売り手側発信の情報だけでなく、「買い手側が把握している情報」「買い手側目線の情報」を仕入れることが重要**です。そのための有効な方法が、「信頼できる経営者仲間に聞くことなのです。社外ナレッジの源泉である人脈を広げたい場合も、ほかの経営者に相談することが重要ですが、人脈のつくり方や広げ方については、のちほどくわしく説明します。

社外ナレッジの有効活用のひとつとして、アウトソーシングについても、このあと解説しますが、適正価格、適正品質がわからないと、アウトソーシングするときにも問題が発生します。適切な発注・契約ができず、コスト高になってしまったり、成果物のクオリティ低下をまねいたりしてしまうリスクがあるのです。

「自社でやったほうがクオリティが高い」という過信を捨てよ

■「顧客向けツール」はプロに作ってもらうと契約数、売上がアップする

ここまでの話で、経営において、知識・情報不足がどのような問題につながるのか、が理解できたことと思います。また、その問題を解決する糸口が少し見えてきたでしょう。

自分や社内のナレッジ（知識・情報）だけに頼っていると、前述したような問題が起こります。ここで重要になってくるのが「社外ナレッジの有効活用」です。ここからは、社外ナレッジの有効活用について、いくつかのテーマにフォーカスしつつ、具体的な例を挙げて解説します。

私は、社外ナレッジを有効活用するうえで、つぎの４つのポイントが重要な軸になると考えています。

①「アウトソーシング」の活用
②「士業など専門家」の活用
③「パートナー」の活用
④「人脈」の活用

ここからは、これら4つのポイントについて順を追って解説します。

まずはひとつ目の「アウトソーシングの活用」についてです。アウトソーシングの重要性については第1章でもお話ししましたが、ここでは「社外ナレッジの有効活用」という観点で、さらに掘り下げて考えていきます。

「社外ナレッジの有効活用」において、アウトソーシングは最初に考えるべき基本的な手法です。前述したように、「外注」と「アウトソーシング」は、その定義が異なります。外注は「特定の業務や納品物の製作を外部の業者等に発注すること（業務代行）」であり、アウトソーシングは「業務の一部を一括して外部企業や専門家に任せる経営手法」です。

外注の目的がおもに「生産性の向上」や「コスト削減」なのに対して、アウトソーシングの目的は「外部リソースを有効活用して、より大きな成果を生み出すこと」です。

言いかえれば、

- 外注＝「社外の人の時間を買うこと」
- アウトソーシング＝「社外の人が持っている知識やノウハウを買うこと」

と言ってもいいでしょう。

第1章では、アウトソーシングを「生産性の向上やコスト削減を実現するための、脱自前主義」という観点で解説しました。社外ナレッジの有効活用という論点においては、それらに加えて、「クオリティの向上」という要素が重要となってきます。どういうことか、具体的な例を挙げて説明しましょう。

みなさんの会社では、会社案内やサービス案内、提案書などの販促ツールを、誰がどのように作っているでしょうか？　そうした販促ツールを、社長自ら、または社内のデザイナー職ではないスタッフが、パワーポイントで制作しているケースがよく見受けられます。結論から言うと、そうした販促ツールは内製せず、プロのデザイナーにアウトソーシングして制作すべきです。販促ツールの「デザイン面でのクオリティの高さ」が、企業活動にとって非常に重要だからです。

会社案内やサービス案内、提案書は、ビジュアル面での統一感が重要です。テキストのフォント、配色や構成などの見せ方に統一感がないと、「明らかに素人が作った、クオリティレベルの低い資料だな」と思われてしまいます。「うちは内容で勝負」と思う人がいますが、その内容の魅力を最大限に伝えるためにもクオリティは重要なのです。

顧客向けの資料、とくに会社の売上に直結するプレゼン資料は、誰が見ても「この資料は内容面でもデザイン面でも、スキルの高いプロがしっかり作っているな」というクオリティの高さが非常に大切です。それらのクオリティが会社の第一印象、イメージを決定づけ、クオリティが高ければ信頼性や信用度が高まり、最終的に成約率や売上にも影響してくるからです。

実際に、顧客向け提案書の見せ方やデザインを改善したことによって、契約数と売上が大きく伸びたという会社の事例がたくさんあります。

■内製化かアウトソーシングかは「費用対効果」で決める

「顧客向けツールの制作をアウトソーシングすれば、クオリティが上がるのはわかる。とはいえ社内で作れば費用をかけずに（ただで）作れる。アウトソーシングしたらよけいな費用がかかるのでは？」と思う人がいるかもしれません。ですが、よく考えてください。

制作費が高くついても、プロがよりクオリティの高いものを作ってくれ、そのクオリティの高いツールによって契約数、売上が倍増したらどうでしょう。**制作コストと売上を計算すれば、トータルで見て、アウトソーシングしたほうが、より費用対効果が高い**と言えるのではないでしょうか。

また第1章で例に挙げた給与計算業務のように、アウトソーシングすると一見コストは高くつくけれども、高いスキルを持った外部スタッフが短時間でスピーディに処理することでトータルコストが下がり、結果お得になる、といったケースはたくさんあります。

そもそも、「内製化すれば、ただでできる。外注・アウトソーシングするとよけいなコストがかかる」という考え方は、大いなる勘違いです。**内製化したら、そこには社内スタッフの時間（＝人件費）が割かれます。内製化＝無料、アウトソーシング＝高くつく、というのは「効果」が見えていない単純な発想**です。

特定の業務を内製化でやるか、アウトソーシングするかを判断するさいに重要なポイントは、シンプルに「費用対効果」であり、「時間あたりのコストパフォーマンス」です。費用対効果が高くコスパがよければアウトソーシングすべきです。その点もよく考えて、極力、「社外ナレッジの有効活用」として効果的なアウトソーシングを拡大していくことが大事です。

■アウトソーシング先は社員と違って辞めない

アウトソーシングの利点は、「成果物のクオリティが高い」「費用対効果が高い」ことだけではありません。もうひとつの非常に重要な利点は、**「アウトソーシング先は、社員と違って辞めない（いなくならない）」**ことです。もちろん、アウトソーシング先と友好的な関係を構築できれば、という条件つきですが。

では、そのことが具体的にどのようなメリットにつながるのでしょうか？　それは、「社員が辞めたときに必要な、手間ひまかかる業務の引継ぎや再教育をしなくていい」「引継ぎのさいに発生する、生産性の低下を防げる」「補充のための採用活動をしなくていい」などのメリットです。

たとえば私の社労士事務所では、前述したように給与計算業務をアウトソーシングしています。もしその業務を社内のスタッフが担当していて、そのスタッフが急に辞めてしまったとしたら、さまざまな問題が発生します。

スタッフが辞めてしまったら、新しいスタッフの募集をかけて採用するか、ほかの社内スタッフに業務を引継ぎし、再教育しないといけません。引継ぎや教育には、ある程度の時間と手間ひまがかかります。また、引継ぎすると、新しい担当者は業務に慣れるまでの間、ミスを犯す確率も高まります。

その理由はシンプルです。「教える人（前任者）は辞めるつもりでいるため、業務引継ぎに対するモチベーションが低い（＝きちんと教えない）」「新しいスタッフは熟練度が低い」からです。この2つの要素の掛け算で、新任の担当者はミスを犯す確率が高く、結果として一定期間の生産性が著しく低下してしまうのです。

したがって、**社員が辞めると生産性が落ちそうな業務は、そのリスクを回避するために、できる限りアウトソーシングしておくのが得策**です。そうすれば、引継ぎやスタッフ教育など、人的マネジメントが必要なくなり、管理業務が非常に楽になるのです。

「こんなとき、どうすればいいのか？」知識格差が会社の命運を決める

■「資金調達、税務問題、訴訟問題、労災補償」重大問題にどう対処する？

ここまで、一般的なアウトソーシングにテーマを絞って、「社外ナレッジの有効活用」の意義について考えてきました。ここからは、おもに「士業など専門家」の活用をテーマに、社外ナレッジ活用について考えてみましょう。

ここでフォーカスしたい課題は、「こんなとき、どうすればいいのか？」です。

たとえば、「月末に急な支払いが発生した。でも資金が足りない」「税務署から、税務調査をしたいと事前通知された」「ライセンスの不正使用で訴えられた」「労災事故で怪我をした社員から、多額の損害賠償を請求された」といった状況に立たされたとき、あなたが経営者ならどうしますか？　そんな「シチュエーション別、社外ナレッジ活用方法」を解説しますので、ぜひ参考にしてください。

ここからは、いま挙げた4つのシチュエーション別の対応策、解決策を解説します。ここでのキーポイントは、「専門分野の問題解決には、専門知識が必要」「専門分野のトラブルは、士業など専門家の力を借りて解決する」という2点です。問題別にわかりやすく整理してみましょう。

①「月末に急な支払いが発生した。でも資金が足りない」（資金調達問題）
→解決策：「ファクタリング」などの資金調達手法を活用する

②「税務署から、税務調査をしたいと事前通知された」（税務問題）
→解決策：腕のいい「税理士」に支援してもらう

③「ライセンスの不正使用で訴えられた」（訴訟問題）
→解決策：腕のいい「弁護士」に支援してもらう

④「労災事故で怪我をした社員から、多額の損害賠償を請求された」（労災補償問題）
→解決策：腕のいい「社労士」や「弁護士」などに支援してもらう

「資金調達問題」「税務問題」「訴訟問題」「労災補償問題」など経営上の重大な問題に直面したとき、どう適切に対応するかは非常に重要です。こうした重大な問題は、対応の仕方次第で会社の存亡にかかわるからです。そして、「最善の対処方法は何か？」「どんな専門家に相談し、支援してもらうべきか？」を知っているか否かの差、つまり「知識格差」が会社の命運を決めると言っても過言ではありません。

■「月末に急な支払いが発生した。でも資金が足りない」そんなときどうするか？

では、4つの問題について、ひとつひとつ見ていきましょう。

まずは「資金調達問題」についてです。

みなさんは、「月末に急な支払いが発生した。でも資金が足りない」といった状況になったとき、どのように資金調達しますか？　急いで資金調達しなければならなくなったとき、有効な資金調達方法を知っているか否かで、安定経営において大きな差が出ます。

ここで知っておくべき資金調達方法のひとつが「ファクタリング」です。ファクタリングとは、企業など事業者の資金調達方法のひとつで、**「事業者が保有している売掛債権等を、期日前に一定の手数料を徴収して買い取るサービス」**です。法的には「債権の売買（債権譲渡）契約」のことを指します。

ファクタリングは、取引に売掛先の企業を入れるか入れないかの違いで、「2社間ファクタリング」と「3社間ファクタリング」の2種類の契約方法があります。2社間ファクタリングは、売掛先の企業へ知らせずに取引が完了する方法です。3社間ファクタリングでは、通知を受けた売掛先の企業は、直接ファクタリング会社へ支払いをします。

このファクタリングには、どのようなメリットがあるのでしょうか？

2社間ファクタリングのメリットとして、つぎのようなものがあります。

●売掛先に承諾を得なくても資金調達できる。
●そのため、ファクタリング会社と債権を売却する企業間だけでのやりとりですみ、資金調達までの期間が短く、スピーディに現金化できる。
●もし、売掛先の企業が倒産するなどして売掛金が入金されない場合でも、利用者が支払う必要はなく、ファクタリング会社が売掛金の返還請求をしてくれる。

また3社間ファクタリングのメリットとしては、つぎのようなものがあります。

●契約する時点で売掛先の承諾を得ているので、ファクタリング会社は未回収になるリスクを低減できる。
●2社間ファクタリングよりも、持ち逃げや使い込みといったリスクが低いため、審査に通りやすい。
●2社間ファクタリングよりもリスクが低いため、ファクタリングの手数料が安く設定されている。

急いで資金調達しなければならなくなったとき、スピーディに資金調達できる「ファクタリング」が強い味方になります。ところが、ファクタリングについて知らない経営者が意外に多くいます。ファクタリングを知っているか知らないかが、順調に安定経営できるか否かを決定づける場合もあります。覚えておいて損はないでしょう。

■ 税務調査で取られる「追徴課税」の金額は税理士の腕によって大きく変わる

つぎは「税務問題」についてです。ここで取り上げたい問題は、「税務調査」です。きちんと申告して税金を支払ったつもりでも、税務署から「税務調査の通知」が来たら、どう対処したらいいのでしょうか？　さらに、税務調査の結果、申告内容に不備や誤りが見つかり、「修正申告や追徴課税（本来の納税額との差額の支払い）」を求められたら、どうしたらいいのでしょうか？

もしそんな事態になったとき、真っ先に相談すべきは「税理士」です。そしてこのとき重要になるのが、その税理士が「税務調査に強い税理士か」です。「追徴課税の金額は、税理士の腕によって大きく変わる」からです。

税務署は税務調査をするとき、少しでも多くの成果を得ようと、できるだけ広範囲で調査をし、追徴課税額を通知するとき上限金額を提示する傾向があります。しかし、追徴課税の支払い金額は、税務署との交渉で下げられる場合があります。

ここで腕のいい税理士は、「税務署側はああ言っているが、そこまでの金額を支払う必要はない。せいぜいこれくらいが妥当」という金額がわかっています。そこで税務署側に、「この調査結果は、この点がおかしいですよね？」「この金額は、過去の裁判事例と照らし合わせても高すぎますよね？」と交渉してくれるのです。

一方、十分な知識もなく、税務署とうまく交渉できない税理士だと、税務署の言いなりになってしまい、会社に不利益が発生することがあります。

税務調査が入った場合、「税務署は、最低どれぐらいの追徴課税を取りたいと思っているのか」という「下限」を見極められるかがポイントになってきます。その下限金額にいかに近づけるかが勝負どころとなりますが、税務署としても、相手に言いくるめられて金額を下げるというのは嫌だと思っています。

そこで税理士には、税務署側の顔も立てながら、税務署が「まあ、それならこの金額で」と納得する金額まで下げていく交渉術が求められます。顧問先企業の利益が損なわれることなく、税務署の顔も立てて、両者が納得する落としどころに持っていく手腕が問われるのです。

万が一、税務調査が入ったら、税務調査対応の経験豊富な、税務署のやり方を熟知していて、彼らとの妥協点を見つける方法を知っている税理士、しかも毅然とした態度で対応してくれる税理士に相談しましょう。

■「ライセンスの不正使用」で訴えられたとき、弁護士の手腕で会社の存亡が決まる

3つ目のテーマは「訴訟問題」です。もしあなたの会社が何らかのトラブルで訴えられたとき、相談すべきは「弁護士」です。訴訟問題への対応を支援してくれる弁護士も、税理士と同様に、どのような弁護士に依頼するかが重要になってきます。

ここで、「そもそも訴訟を起こされることなど、あまり考えられない」と思う人がいるかもしれませんが、それはやや甘い考えといえます。どんなにコンプライアンスに気をつけている会社でも、無自覚のうちに違法行為を犯してしまうことがあるからです。

代表的な例が、知的財産権の侵害です。日本弁理士会では、知的財産権をつぎのように定義しています。

「音楽、映画、絵画などの著作物を保護する著作権、発明を保護する特許権、考案を保護する実用新案権、デザインを保護する意匠権、商品やサービスなどを区別するためのマー

クを保護する商標権など」

これらの知的財産権を侵害すると、訴訟問題に発展しかねません。実際に、ライセンスの不正使用など知的財産権の侵害で訴訟問題になり、多額の賠償金を支払った事例はたくさんあります。

たとえば、ある印刷関連企業の従業員が、モリサワなどの企業が権利を有するデジタルフォントやソフトウェアを不正にインストールして使っていたことが発覚。和解交渉が難航して民事調停へ移行し、その結果、2021年8月に、損害賠償金4500万円が支払われたというケースがあります。

また、ソフトウェアの不正コピーで裁判になり、1億円以上の損害賠償を求められたケースもあります。

ある日本の会社（大手司法試験予備校）が、マイクロソフト、アドビシステムズ、アップルコンピュータの3社から、ソフトウェアの不正コピーを行なったとして、総額1億1400万円の損害賠償を求める民事訴訟を起こされたケースです。

訴えられた会社は、不正コピーしたソフトウェアを使用して、法律テキスト教材の編集・作成、模擬試験問題の編集・作成、通信講座教材の作成などを行なっていたそうです。

こうした事例は、対岸の火事ではありません。経営者が知らないうちに、従業員が何気なく軽い気持ちで不正行為をしてしまい、それが発覚して訴訟問題になり、場合によっては多額の賠償金を支払うことになってしまうのです。

従業員だけでなく、経営者の「知的財産権に対する意識」が低いと、無意識に著作権、特許権、商標権などを侵害してしまい、訴訟問題に発展するリスクが高まります。訴訟問題は会社存続の危機に瀕する可能性すらある重大な事件です。場合によっては訴訟だけにとどまらず、「倒産」に追い込まれる可能性すらあるのです。

こうした訴訟問題への対応を依頼する弁護士も、先ほど例に挙げた税理士と同様に、落としどころがわかっている弁護士か否かで、裁判の結果が変わってきます。基本的に訴えを起こす側は、「最大限の金額」を要求してきます。相手が「○億円払ってください」と言ってきたとき、その金額よりもできるだけ安くなるように交渉できる、腕利きの弁護士か否かによって、会社の存亡が決まることすらあるのです。

■「労災補償問題が起きたときの対処方法」を間違えない

最後は「労災補償問題」への対応についてです。

労災事故で怪我をした社員から、多額の損害賠償を請求されたさい、適切な対処方法を知っているか否かで、会社側が受けるダメージに大きな差が出ます。会社側が間違った知識にもとづいて賠償金額の交渉をしてしまった結果、従業員との折り合いがつかずに裁判になったり、賠償額を高く見積もりすぎて、過大な補償をしてしまったりする場合があるのです。企業は、賠償請求の法的根拠や、損害賠償金額の算定方法など、損害賠償に関する正しい知識を身につけておくことが重要です。

実際、企業側だけでなく従業員側も、多くの人が、労災の損害賠償についての基本的な仕組みをよくわかっていません。たとえば工場で働いている人が、機械で大怪我をしてしまったとします。この場合、労災に関しての給付として1500万円くらいが、怪我をした従業員に支払われます。ですが、それはあくまでも「一部補償」です。ここで多くの人は、「この1500万円の支給で支払いは終わり」と思ってしまいますが、実は、それで終わりではないのです。

どういうことかというと、このようなケースでは、労災対象の従業員は本来、全額で4000万円くらいの金額を損害賠償金としてもらえるのです。1500万円というのは、国から支給される分であり、「残りの2500万円は、会社に請求して支払ってもらってください」というのが労災補償の基本的な仕組みなのです。

最近、そうした盲点があることを世の中の労働者に周知しようと、労働組合関係者などがハローワーク周辺でチラシを配るなど、啓発活動が盛んになりつつあります。その影響もあってか、怪我や病気で労災対象になった労働者が、企業相手に「損害を賠償してほしい」と訴えを起こす事例が増えています。

こうした訴えを起こされたとき、企業としてどう対応するかが非常に重要です。そこで頼りになるのが、腕のいい弁護士や社労士などの専門家です。税務問題や訴訟問題と同様に、労災関連、できれば労働争議など労務問題全般について正しい知識を持ち、経験豊富な専門家の力を借りましょう。

ちなみに、**訴訟や従業員からの訴えなどのトラブルに巻き込まれる経営者の多くは、いわゆる「脇が甘い」タイプ**です。そうした経営者は、「知的財産権に対する意識が低く、権利問題で訴えられる」「労務に関する知識が浅く、雇用者から未払い残業について訴えられる」といったことになりがちです。そうならないためにも、自ら勉強して基本的な知識を身につけておくだけでなく、いざ問題が起きたらすぐに相談できる敏腕の専門家と、ふだんから親しくしておくことが大切です。

ここまで、「資金調達問題」「税務問題」「訴訟問題」「労災補償問題」について話してきましたが、どのような分野においても、**重要なポイントは、問題解決における「落としどころ」、つまり「解」がわかっているか否か**です。それは、先に述べた「適正品質、適正価格がわかっているか否か」ということと、「解」がわかっているか否かという点で、根本的な考え方は同じです。そして、その「解」がわかっている専門家などの社外ナレッジをいかに有効に活用できるかが重要なのです。

企業側が気をつけないといけないのは、その「落としどころ」「解」がわかっていないにもかかわらず、「わかっているふり」をする士業、専門家がいることです。彼らもプロとしてのプライドがあるので、「よくわかりません」「できません」とは言えず、つい、わかったふりをしてしまうのです。そうした士業、専門家に相談すると、自社に何らかの不利益が生じる可能性が高いので、要注意です。

■腕のいい優秀な専門家、士業を見つけるには

では、腕のいい優秀な専門家、士業を見つけるにはどうしたらいいのでしょう？

それには、やはり周りの優秀な経営者に聞くのが一番です。**辣腕経営者の周りには、必ず腕のいい税理士や社労士、弁護士がいる**からです。ネット上でいい人を探そうとしても、

腕のいい士業か、そうでないかを見定める目利きができないと、いい士業選びは困難です。また、実際に仕事を頼んでみないとその人の本当の実力はわかりません。

先に、「適正品質、適正価格がわからなければ、適正品質、適正価格をよく知っている、信頼できる知り合いの経営者に聞くべし」と述べましたが、同様に、いい士業を探す場合も、いい士業を知っている人に聞くのが一番いい方法なのです。

ここまでの話で、「専門分野の問題解決には、専門知識が必要」であることと「専門分野のトラブルは、士業など専門家の力を借りて解決する」ことの重要性が理解できたでしょうか。

ここで解説した、「資金調達問題」「税務問題」「訴訟問題」「労災補償問題」以外にも経営上「こんなとき、どうすればいいのかわからない」というピンチに直面することはたくさんあると思います。そのとき、正しい知識・知見を持っている人と持っていない人、腕のいい専門家に支援してもらえる人とそうでない人の間には、大きな差が生まれます。そう、「知識格差」が会社の命運を決めるのです。

そのことをしっかり認識したうえで、いざというときのために、専門家という社外ナレッジを有効活用できるよう、日頃から十分に準備しておきましょう。

パートナー選びに失敗するとうまくいかないのは、結婚もビジネスも同じ

■パートナー選びは「自社とともに成長していけるか」で判断する

本章冒頭で、自分たちが持っていない（知らない）知識や知見、ノウハウ、技術や技能などを提供してくれる（教えてくれる）、のは、おもにつぎの4つだと述べました。

①　アウトソーシング先
②　士業などの専門家
③　事業・業務提携先（パートナー）
④　尊敬・信頼できる優れた経営者（または経営者仲間）

ここまで、①「アウトソーシング先」の活用、②「士業などの専門家」の活用について

解説してきましたが、つぎに取り上げたいテーマは、③の「事業・業務提携先（パートナー）」についてです。

社外ナレッジの有効活用では、つねに信頼できる情報、正しい知識やノウハウを提供してくれる「信頼できる、いいパートナー関係にある人や会社」とのつながり強化が重要です。社外ナレッジ活用効果を最大化するためには、外部の人や会社と、単なる外注ではない「いいパートナー」の関係になるのが理想なのです。

では、「いいパートナー」とは、どのような人・会社でしょうか？

結論から言いましょう。**いいパートナーとは、「自社の成長に合わせて、提供してくれるナレッジやサービスのクオリティやレベルを上げられる人や会社」**です。

どういうことか、たとえば税理士を例に説明しましょう。

あなたが会社を設立し、知り合いの税理士に顧問税理士になってもらったとします。その税理士は、これまで社員10人くらいの小さい会社の業務しかしたことがありません。あなたの会社が、社員2、3人からスタートして、やがて20～30人くらいの規模になっても、その税理士は何とか対応できるでしょう。

しかし、会社が急成長し、社員が100～200人規模になり、そろそろ上場を目指そうかというステージに成長したとき、その税理士はあなたの会社のニーズに十分応えられない可能性があります。

顧問先企業から、「先生、こういうときはどうしたらいいでしょう？」と聞かれても、大企業の税務に関する知識や経験がなく、「解」を持ち合わせていないので、どうしたらいいかわからないのです。そういうケースは実際によくあります。

前述したように、士業の業務では、「落としどころ」が重要となるケースが多くあります。その落としどころと、そこまで持っていくプロセスや手順がわからない人は、適切なアドバイスや行動ができず、クライアントと一緒に試行錯誤してしまいます。そのような人は専門家とは言えません。

つまり、「いいパートナー」とは、「自社の成長に合わせて、提供してくれるナレッジやサービスのクオリティやレベルを上げられる人や会社」なのです。いいパートナー選びの判断基準は、「自社とともに成長していける人や会社か？」にあると言ってもいいかもしれません。

■アウトソーシング先をパートナーにし、提携先との関係性を強化する

社外ナレッジの有効活用によって経営の安定化をはかり、会社を高速で成長させるためには、「いいパートナー」の存在が必要不可欠です。いい社員が会社の成長を助けてくれるように、「いいパートナー」は、会社を成長させるために絶対に必要な存在なのです。

したがって、税理士でも社労士でも弁護士でも、依頼している分野において、高い専門知識とスキルで「自社を成長に導いてくれる」「ともに経営の舵をとってくれる」パートナーを選ぶことが非常に重要です。少しおおげさかもしれませんが、**いいパートナーとは、自社にとっての「運命共同体」とも言える存在**なのです。

経験が乏しい士業に仕事を頼んでしまうと、クライアント側が「その人にお金を払って、こちらが勉強・経験させてあげる」という、本来あるべき形と逆の関係になってしまいます。そうなってしまったら、真のパートナーとは言えません。

自社とともに成長していけるパートナーの対象は、士業などの専門家だけではありません。当然、**「事業・業務提携（アライアンス）先」も、経営における重要なパートナーとなる場合があります。**

事業・業務提携は、通常、他社の技術やノウハウを活用し、自社のビジネスを成長させることを目的として行なわれます。事業提携には「生産提携、販売提携、技術提携、資本提携」などさまざまな種類がありますが、**どのような提携であっても、2社間の関係性が強まれば、同じゴールを目指し、ともに成長を目指す運命共同体のようなパートナーになる**はずです。

また、最初は「仕事の依頼先」という感覚だったアウトソーシング先が、つき合っていくうちに、やがて「ともに成長できる、いいパートナー」になるケースもあるでしょう。

ここで重要なポイントは、**いかに多くのアウトソーシング先をパートナーにし、事業・業務提携（アライアンス）を結べる会社を増して関係性を強化するか**です。アウトソーシングは、基本的に「お金を払って専門性やナレッジを提供してもらう」という関係です。そこから一歩踏み込んで、「ともに成長できるパートナー」になれたら、自社の経営の安定化と成長スピードのアップに大きく寄与するでしょう。

提携（アライアンス）関係の多くは、基本的に「一緒に事業をして、儲かったらあとで分けあいましょう」という、いわゆるレベニューシェアができる関係です。パートナーとしては、それが理想形です。そうした提携企業を増やして関係性を強化すれば、自社の成長にとって大きな推進力になるでしょう。

そして、いいパートナーができたら、その人・会社と長期にわたって「良好なパートナーシップ」を構築することが大切です。そのためには、「仲がよくても『合意事項』を整理して『契約書』を締結しておく」ことや「不具合や問題があれば、遠慮なく話し合いの場をもうけて解決する」ことも重要になります。

社外ナレッジの提供元としてのパートナーは、企業の成長にとって非常に重要です。強い信頼関係のもと、パートナーが持つさまざまなナレッジを提供・共有してもらえたら、これほど力強い味方はありません。逆に、こちらが求めるナレッジを持ち合わせていない人や会社、自社が有するナレッジよりも質・量ともに低いナレッジしか持っていない相手だと、自社に不利益をおぼすことになります。パートナー選びに失敗するとうまくいかないのは、結婚もビジネスも同じです。パートナー選びは慎重に進めましょう。

「人脈」づくりの基本は「先義後利」にあると考えよ

■出会う人が、将来「お客様や紹介者」になるかもしれないと考える

本章冒頭で、社外ナレッジの有効活用において重要な鍵となるのは「パートナーシップ」と「人脈」であり、人脈こそが「社外ナレッジの源泉」だと言いました。最後に、社外ナレッジ活用における「人脈」の重要性、さらに「人脈の広げ方」について考えてみたいと思います。

その前にまず、そもそも「人脈」とは何か？　を明確にしておく必要があります。よく、「仕事でも何でも、人脈をたくさん持つことが大切だ」と言いますが、そもそも「人脈」とは何でしょうか？

辞書によると、人脈とは「ある集団・組織の中などで、主義・主張や利害などによる、

人と人とのつながり」とあります。つまり「人と人とのつながり」が人脈である、ということです。

しかし、社外ナレッジの有効活用という観点では、「人脈」の意味は少し変わってきます。ここでは、**人脈は単なる「人と人とのつながり」にとどまらず、「いかに有益なナレッジを提供してくれる人か」**が非常に重要な要素になってきます。そのことを踏まえて、「人脈」のつくり方、広げ方を考えていくことが大切です。

まずは、人脈づくりにおける「心構え」についてです。

人脈を増やすためには、つねに、出会う人が、将来「自社のお客さん」や「お客さんの紹介者」になるかもしれないと考えることが大切です。知人の紹介で会った人、交流会で会った人など、何かの縁で知り合った人が、いずれ大切な顧客、または顧客の紹介者になるかもしれないのです。

したがって、**どんな人と会っても、まずはこちらから進んで「相手の役に立つこと」「相手から感謝されること」をする**べきです。その相手に、何か役立つ情報を提供する、ノウハウを教えてあげる、コスト削減に役立つ会社を紹介する、パートナーやお客さんになりそうな会社を紹介するなど、何でもいいのです。とにかく相手が喜ぶことをしてあげるのです。「先義後利（人が守るべき道義を先に考え、利益はあとで考える）」という言葉がありますが、肝心なのは、まず相手の役に立つことをして、相手から感謝されることです。つねにそうした心構えで行動することによって、人脈が広がっていくのです。

また、日頃のつき合いのなかで、「相手から好かれるのか、嫌われるのか」によって、仕事や経営に広がりが生まれるか否かが決まります。また、自分に対して「いい印象を持っていない人（アンチ）」をつくってしまうと、のちのち負債になります。その人に悪い噂を流されたり、足を引っ張られたりするのです。そうしたことを意識しつつ、出会う人が、いつか大切な顧客や、顧客の紹介者になるかもしれないと考え、ひとつひとつのご縁を大切にしていくことが大切です。

■人脈を広げるための「秘策」はない。「基本に忠実に」を心がけるべし

では、実際に人脈を広げるためにはどうしたらいいのでしょうか？

これについては、これといった秘策や裏技はありません。ごく基本的なことを地道に継続してやり続けるのみです。その基本的なこととは、つぎのようなことです。

●「自分がつき合いたいと思う人、信頼、尊敬できる人」に相談する

●信頼、尊敬できる人が参加している「会食」に連れて行ってもらう
●会食で出会った人々と後日面談してもらい、その人たちの役に立つことをする
●高額の「勉強会」に参加し、そこでの縁を広げていく

人脈を広げようと思ったら、まずは「自分がつき合いたいと思う人、信頼、尊敬できる人（経営者など）」に相談してみることが大切です。先に、適正品質、適正価格がわからないときは、「適正品質、適正価格をよく知っている、信頼できる知り合いの経営者」に聞くべきだと言いました。同じように、人脈を広げたいと思ったら、やはり「ほかの経営者」に相談するのが一番なのです。

私も、日頃から信頼・尊敬している、ある大企業の社長によく相談に行きます。その社長に「この分野で、もっと人脈を広げたいと思っているんです」という話をすると、「ああ、じゃあ○○さんを紹介してあげますよ」と、快く人を紹介してくれます。

ある程度会社を大きくして事業で成功している経営者は、出会う人たちとの「ご縁」を大切にしており、「その人たちの役に立つことをしたい」という意欲が非常に強いのです。人脈を広げるためには、まずはそういう経営者に相談するのが王道でしょう。

そういう経営者とおつき合いを続けていると、「今度○○さんと食事するんですが、よ

かったら一緒に行きませんか？」と声をかけられるようになります。そこで会食に参加して、そこで知り合った人と後日あらためて会い、その人（会社）のために役立つことをする。すると相手は喜び感謝してくれて、また別の人や会社を紹介してくれる。これが、人脈を広げていくための基本的なセオリーです。

みなさんも、「いくら交流会に参加しても、なかなか人脈が広がらない」という経験があるのではないでしょうか。実際、**交流会では「知り合い」はできても、人脈、とくに将来パートナーになるような人と出会うのは難しい**といえます。そこに参加している人たちも、その多くはあなたと同じように、「誰かいいお客さんになる人、パートナーになるような人はいないだろうか……」という思いで参加しているからです。

「尊敬・信頼できる優れた経営者（または経営者仲間）」は、往々にして、さまざまな分野で人一倍豊富なナレッジや人脈を持っています。いい人脈をつくり、広げていくためには、まずは、「自分よりもすごい人」つまり、「自分よりも豊富な知識や経験、人脈を持っている人」がいるところに飛び込んでいく必要があります。そして、その「すごい人」に臆することなくアプローチしていくことが大切です。

ちなみに、身近に自分より「すごい人」がいない場合は、どこに行けば会えるかというと、**一番簡単な方法は、「高額の参加費を払う、経営者向けの勉強会」などへ参加するこ**

とです。そういう勉強会に参加して、そこで一流の経営者らと仲良くなるというのもひとつの方法です。

■「クライアント」も重要な「社外ナレッジの提供元」になると考えよ

アウトソーシング先、士業などの専門家からは、専門的な知識やスキルを提供してもらえますが、経営者からはナレッジだけでなく、人脈のように「ヒト」という経営資源やそれ以外のさまざまな分野において、サポートを得られる可能性を秘めています。

とくにBtoBビジネスを展開していて、ある程度成功している会社の経営者の多くは、「いいお客さんをたくさん持っている」「お客さんの紹介者をたくさん知っている」「つねにいい情報が入ってくる環境にいる」という3つの要素がそろっています。そうした経営者をいいパートナー、ナレッジ提供者として味方につけておけば、これほど強力な武器はありません。

「社外のナレッジ」というと、みなさん何となく「アウトソーシング先」「士業」など「専門分野に強い人や企業」というイメージが先行すると思います。ですが、実は「身近にいる経営者」、場合によっては自社の「クライアント」が、有効なナレッジの提供元になる可能性があります。お客さんとのつき合いのなかで、いろいろな最新情報や先進的な取り組み、新しい考え方などに触れる機会が得られるからです。

自分の仕事やビジネスを、より成長・拡大させていきたいと思うなら、「より正しい、より新しい、より役に立つ情報」を、いかに広範囲の人々、できれば自分よりもレベルの高い人たちから取得するかが大事です。それを習慣にすることで、いま自分が取り組んでいる仕事やビジネスに「てこ入れ」、すなわちレバレッジを効かせる（他人資本の活用で自社の利益率を高める）ことができます。そして同時に、自分も大きく成長できるのです。「社外のナレッジ・人脈」の活用で、自社ビジネスにレバレッジを効かせましょう。

パート1では、「脱所有経営」におけるひとつ目のテーマ、「脱自前主義」経営、「経営資源の適正化」について解説してきました。ヒト、モノ、カネ、情報という経営資源をどう見直し、「所有」中心の考え方から、どのように「所有しない」というマインドセットに切りかえていくべきかが理解できたと思います。

パート2では、ここまでの話を踏まえながら、「脱売り切り型」ビジネスモデル、これからの企業が目指すべき新しいビジネスモデルについて、発想のヒントや実践方法を解説します。

Chapter 4　まとめ

▶自社内だけのナレッジ（知識・経験）、技術・技能だけに頼っていると、経営上のリスクが高まる

▶購入・導入するモノやサービスの「適正品質」「適正価格」を知らないと、生産性・コスト面でのリスクが増大する

▶社外ナレッジの有効活用においては、「アウトソーシング」「士業など専門家」「パートナー」「人脈」の4つを活用することがポイント

▶「いいパートナー」選びの判断基準は、「自社とともに成長していける人や会社か？」にある

▶人脈づくりでは「先義後利（人が守るべき道義を先に考え、利益はあとで考える）」という心構えを基本とせよ

Part 2

「所有させないビジネスモデル」をつくり利益を最大化する

Chapter 5

自社のビジネスモデルの「賞味期限」をチェックする

いますぐ、ビジネスモデルの「賞味期限」をチェックせよ

■「賞味期限切れ」を調べる4つのチェックポイント

パート1では、「所有しない経営（脱自前主義経営）」について解説しましたが、パート2では「お客さんに所有させないビジネスモデル（脱売り切り型ビジネスモデル）」について考えます。

本論に入る前に、みなさんに考えてほしいことがあります。それは、**「ビジネスモデルの賞味期限」**についてです。

VUCAの時代、変化のスピードが著しい現代において、これまでと同じようなビジネスモデルが、この先もずっと通用すると思わないほうがいいでしょう。ビジネスモデルには「賞味期限」があるのです。

いま現在の自社のビジネスモデルの「賞味期限」をチェックし、もし「そろそろ賞味期限切れでは？」と思うビジネスモデルなら、早急に新しいビジネスモデルに変える必要があります。

自社のビジネスモデルの賞味期限をチェックするポイントは、つぎの４つです。

①「売り切り型」ビジネスモデルになっていないか？
②「他社でも取り扱っている商材」を流通させているだけではないか？
③「情報偏差」によって、価格の変動を顧客に強要していないか？
④顧客に「移動・来店行動を求める」ビジネスモデルになっていないか？

この４つのポイントに対して、どれかひとつでも「いま自社はそうなっている」という回答があれば、現行のビジネスモデルは「賞味期限切れ」、または「賞味期限が近づいている」可能性があります。

■ビジネスモデルの「賞味期限切れ」、あなたの会社はだいじょうぶ？

では、４つのチェックポイントをひとつひとつ見ていきましょう。

①「売り切り型」ビジネスモデルになっていないか？

すでに説明してきたように、現在「売り切り型」ビジネスモデルを中心に事業展開している会社は、これから先、レンタル、シェアリング、サブスクリプション（以下、サブスク）などのビジネスモデルを主軸にしている会社に対抗できなくなります。

「売り切り型」ビジネスモデルは、モノがあふれる時代に「顧客に自社商品を所有させないといけない」、さらに人口が減少する時代に「つねに新規顧客を確保し続けないといけない」ビジネスモデルです。したがって、**長期的視点で見ると、今後継続が非常に厳しい**と言わざるを得ません。

②「他社でも取り扱っている商材」を流通させているだけではないか？

いまあなたの会社が取り扱っている商材は、ほかの会社が売っている商材と同じようなものでしょうか？　それとも、他社では売っていない、何か独自性があるものでしょうか？

もし「他社でも取り扱っている商材」だとしたら、すでに競合がたくさん存在することになります。

そして、ここが重要なポイントですが、今後さらに急速に競合が増える可能性があります。理由は、**自社商材と同じような商材を、多くの競合が「DtoC」「CtoC」ビジネスモデルで展開してくると予測できる**からです。

「DtoC（Direct to Consumer）」は、企業・メーカーが自社で開発・製造した商材を、問屋や小売店などの中間業者を介さず、自社ECサイトなどで消費者と直接取引して販売するビジネスモデルです。「CtoC（Consumer to Consumer）」は、メルカリなどに代表される個人間の取引ビジネスモデルです。いまこの2つのビジネスモデルが急速に拡大しています。「DtoC」と「CtoC」については後述します。

③「情報偏差」によって、価格の変動を顧客に強要していないか？

「情報偏差」によって価格の変動を顧客に強要する会社とは、どのような会社でしょうか？これは第4章で述べたように、商品・サービスの「適正価格」が判断できない会社（＝情報弱者）には、相場よりも「高値で」売る、「適正価格」を知っている会社には、「相場価格」または「相場よりも安い値段」で売る、という営業スタイルを取っている会社です。

いまだに、相場を知らない人にはできるだけ高く売りつける、いわゆる「ぼったくり」的な商売をしている会社があります。**顧客側がインターネットでたいていの情報を入手できるようになった現在、こうした「ぼったくり」的な商売は通用しなくなっており、今後は完全に成立しなくなる**でしょう。

④　顧客に「移動・来店行動を求める」ビジネスモデルになっていないか？

新型コロナウイルス感染症の拡大をきっかけに、人々のライフスタイルや消費行動は大きく変化しました。インターネットやリモートツールの活用を中心としたライフスタイルへ、また、**スマホだけですべてを済ませる「スマホ完結型の消費行動」へと大きくシフト**したのです。

実店舗へ行かずにインターネット上で買い物をする人が増え、日用品や食材なども、ネットスーパーで買うのが当たり前になりました。飲食店へ食事しに行くかわりに、飲食店の料理を届けてくれるウーバーイーツや出前館などのフードデリバリーサービスの利用もすっかり定着しました。また、ネットで音楽・動画などのエンタメコンテンツを鑑賞する時間も、コロナ前より大幅に増えたのではないでしょうか。つまり、**人々は「物理的な空間移動」をせずに生活・行動することに、すっかり慣れてしまった**のです。

こうした状況はこの先、コロナ前のような状態に戻ることはないと、私は見ています。**顧客に「移動・来店行動を求めるビジネスモデル」は今後、成立しにくくなる**のです。この点についてものちほどくわしく解説します。

「脱売り切り型」ビジネスモデルにシフトしないと命取りに

■ビジネスの勝ち筋は「サブスク」「シェア」「レンタル」へ

先ほど解説した4つのチェックポイントのなかでとくに重要なのは、ひとつ目の「売り切り型」ビジネスモデルになっていないか、です。

「脱所有経営」という考え方における、「脱売り切り型」ビジネスモデルの意義や重要性については序章で足早に説明しましたが、ここでもう一度要点をおさらいしておきましょう。覚えている方は読み飛ばしてください。

◎そもそも「売り切り型」ビジネスモデルとは?

●これまでは、商品、コンテンツやサービスを作り、それを顧客・ユーザーに買ってもらい、所有または消費してもらうことで売上・利益を生み出す、「売り切り型」ビジネスモデルが主流であった。

● 「売り切り型」ビジネスモデルでは、企業は「作って、売る」↓「また作って、もう一度売る」を繰り返し、消費者側も「買って、消費する」↓「また買って、また消費する」を繰り返してきた。

● 所有させて、飽きさせて、つぎを買わせるというビジネスモデルは、「顧客・ユーザーに、商品やコンテンツを所有させる」ことでしか成立しない。そうしたビジネスモデルは、モノを所有しなくなりつつある現代において、もはや限界に近い。

◎「脱売り切り型」ビジネスモデルとは、どのようなものか？

● いまは、売り切り型ではなく、商品やサービスを一定期間、定額料金で利用できる「サブスク」が主流になりつつある。

● 近年、サブスクのビジネスモデルが急速に普及したのが、音楽業界。音楽業界はすでにユーザーに音楽コンテンツを所有させることを諦め、ほぼ完全にサブスク型のビジネスモデルにシフトした。

● 音楽業界だけでなく、さまざまな分野で「脱売り切り型」ビジネスモデルが広がっている。服、家具、車など、これまで「所有するのが当たり前」だった領域でも、「必要なときに、自分の好みのものを自由に選んで楽しめる」というユーザーニーズにもマッチした「サブスク」「リース＆レンタル」サービスが普及しつつある。

●サブスクと同時に、「シェアリング」サービスも世界的に普及しつつある。シェアリングサービスとは、場所や空間、移動手段、モノ、スキル、お金、などを所有せずにシェア（共有）するサービスで、「民泊、カーシェアリング、ライドシェアリング、フリマアプリ、家事代行、クラウドソーシング、クラウドファンディング」などがある。

◎「サブスク」「シェアリング」サービスの今後

●今後ますます、サブスクやシェアリングがビジネスモデルの主流になっていくと予測される。企業は、「売り切り型」「所有」を前提としないビジネスモデルを模索して、売上・利益の向上を図ることが求められる。

●大企業は、これからますますサブスク、シェアリングを軸としたサービスを加速させていく。中小企業が大企業に対して競争優位性を保ち、生き残っていくためには、サブスク、シェアリング、レンタルなどのサービスにシフトしていく必要がある。そうでなければ、大企業にどんどん顧客を取られていく。

●競合は次々と新しいビジネスモデルを打ち出し、多様な攻め方をしてくる。いつまでも「売り切り型」ビジネスモデルで勝負していると、他社が同じモノをレンタルやシェアリングサービス化、無料化し、自社の存在意義がなくなり、あっという間に潰れてしまう可能性が高い。

ここまで読んで、「サブスクとシェアリングとレンタルは、何がどう違うのか？」という疑問を持った人がいるかもしれませんので、簡単に整理しておきましょう。

この3つのビジネスモデルを説明するのに一番わかりやすい例は「車」です。これは第2章でも説明しましたが、車をサブスクとシェアリングとレンタルというビジネスモデルで分類すると、つぎのようになります。

・サブスク＝「カーリース」

契約者が選んだ車をカーリース会社が購入し、契約者は月々決められた使用料金をカーリース会社に支払って、1か月から数年間の契約でその車を利用できるサービス。

・シェアリング＝「カーシェアリング」

特定の会社のサービスに会員登録した人限定で、近所のコインパーキングやステーションに停めてある車を共同で使用できるサービス。

・レンタル＝「レンタカー」

従来のレンタカーサービス。

これはあくまでも、サブスクとシェアリングとレンタルをはっきりと分類できるケースです。サービスによっては、サブスク、シェアリング、レンタルの要素が混在したサービスもあるので、明確な分類が難しい場合もあります。

いずれにせよ、これからのビジネスの勝ち筋は、「サブスク」「シェアリング」「レンタル」を主軸にした、「売り切り型ではないビジネスモデル」にあるといえます。「脱売り切り型」ビジネスモデルにシフトしていかないと、企業として「命取り」になると言っても過言ではありません。

■DtoC、CtoCが加速する時代に「自社のビジネスモデル」は成り立つのか?

「売り切り型」ビジネスモデルに依存していたがために、急速に下降線をたどった業態の代表的な例が「CD販売店」です。

音楽業界（音楽コンテンツの販売）におけるビジネスモデルは、1877年のレコードの登場以来、100年以上にわたって「所有の時代」が続いていたにもかかわらず、あっという間に「所有しない」ビジネスモデルに変わってしまいました。

現在では、音楽をパッケージとして販売し、所有させるというビジネスモデル＝「売り切り型」ビジネスモデルが成立しなくなり、CD販売店は苦境に立たされています。こうした潮流は音楽業界だけでなく、ほかの業界にも押し寄せているのです。

音楽や映像コンテンツだけでなく、いまではさまざまなモノが、流通業者、中間業者を介さず、インターネット上でメーカー・販売者とそれを買う消費者・ユーザーの間で直接取引されています。「メーカー・販売者と、顧客が直接つながる時代」になりつつあるのです。つまり、前述した「DtoC（Direct to Consumer）」型ビジネスモデルの加速です。

ここで、DtoC型ビジネスモデルとはどのようなものか、よりくわしく説明しておきましょう。

メーカーが自社で企画・製造した商品を、卸売業者や実店舗などの中間業者を介さず、ECサイトなどで直接消費者に販売するDtoCは、いま新たなビジネスの仕組みとして、さまざまな業界でトレンドになりつつあります。

なかでもDtoC型ビジネスモデルが目立つのは、食品、アパレル、美容関連といった分野です。ツイッターやインスタグラムなどのSNS、ユーチューブを介して、メーカーが消費者と直接コミュニケーションできるようになり、バイラル効果（口コミ効果）を活用したマーケティング手法がとれるようになったためです。DtoCとサブスクをかけ合わせ

●最初に「売る」ことで、初期にコストを回収する●

DtoC型 (Direct to Consumer)	CtoC型 (Consumer to Consumer)

メーカーが自社で企画・製造した商品を、卸売業者や実店舗などの中間業者を介さず、ECサイトなどで直接販売	個人間での取り引き。「メルカリ」や「ヤフオク！」などが典型例

たビジネスモデルも増えつつあります。

またDtoCとともに注目すべきは、「CtoC（Consumer to Consumer）」つまり、個人間で取引するビジネスモデルです。CtoC型ビジネスモデルの代表例は、フリマアプリの「メルカリ」や「ヤフオク！」などです。使わなくなったモノをネット上で売買するCtoC型ビジネスモデルは、現在、多くの人がスマホなどで手軽に利用できるサービスとして、急拡大しています。

「不要なものを、必要な人に提供する（売る）」「ユーザー同士をマッチングさせる」ことをベースにしているCtoC型ビジネスモデルには、その根本に「シェア（共有）」という考え方があります。フリマアプリだけでなく、「Airbnbなどの民泊、家事代行、クラウドソーシング」といったシェアリングサービスの多くが、CtoC型ビジネスモデル（ユーザー間の取引）によって成り立っているのです。

こうした中間業者を介さないDtoCやCtoC型ビジネスモデルは、今後さらに増えていくでしょう。「DtoCやCtoCがさらに加速する時代に、自社のビジネスモデルは成り立つのか？」を、もう一度よく考えてみることが重要です。

これまでのように「モノを作って、卸売・流通業者を通して輸送し、実店舗で販売する」というビジネスモデルから抜け出せないと、DtoCやCtoCを展開する競合他社に、あっという間に駆逐されてしまい、自社のビジネスが立ち行かなくなる危険性があるのです。

スマホによる顧客の「DX化」のほうが先に進んでいる

■スマホで「購入、娯楽、情報収集、連絡」のほとんどが完結する

前述したように、DtoC、CtoCビジネスモデルが拡大していますが、そうした新しいビジネスモデルを支えているのはスマホです。音楽産業の激変に代表されるように、スマホの普及が、世の中のビジネスモデルを大きく変えました。既存ビジネスモデルであったBtoB、BtoCなどに加え、スマホさえあれば誰もがDtoC、CtoCビジネスモデルの恩恵を享受できる時代に突入したのです。

ここ最近、大きく成長している企業を見ると、その多くが、やはりスマホを主軸に事業展開しています。**これからの企業は、ますます顧客・ユーザーがスマホのなかで完結できることを前提に、ビジネスを設計することが求められる**でしょう。

いまや若い世代はＰＣさえ持っていません。自社のビジネスモデルが、スマホを通して

展開するサービスで売上を立てられない事業だとしたらスマホのなかだけで完結するビジネスモデルを展開している企業に対抗しても、まったく勝ち目はないでしょう。

いまや、たいていのことはスマホでできてしまいます。スマホでどんなことができるかは、あらためて説明するまでもありませんが、ざっと挙げただけでも、電話・メール、ショッピング、音楽・映画・動画視聴、読書、SNS、写真・動画撮影、音声検索、健康管理、時間・スケジュール管理、ビデオ会議、地図閲覧、ナビゲーションなどがあります。スマホさえあれば、連絡、モノの購入、娯楽、情報収集など、生活に必要なほとんどのことが済んでしまうのです。

■物理的に移動させるハードルがこれからもどんどん上がる

新型コロナウイルス感染症拡大の影響により、ワークスタイル、生活・行動様式、さらには考え方や価値観などさまざまな部分で大きな変化が生まれました。前述したように、スマホだけですべてを済ませる「スマホ完結型の消費行動」へと大きくシフトしたことも大きな変化のひとつです。

この変化のなかで、消費者は「外出（移動）しなくても、普通に仕事や生活ができるんだ！」と気づきました。物理的に移動して特定の場所に行かなくても打ち合わせができる。

お店に行かなくても買い物ができる。飲食店に行かなくてもスマホでデリバリーを頼めばおいしいものが食べられる。**「わざわざ外出（移動）しなくても、いままでと同じ、またはそれ以上の便利で快適な暮らしができる」という事実に気づいた**のです。

そうした「新たな気づき」を得た消費者に対して、企業やサービス提供者側が「人々を物理的に移動・来店させる」ビジネスは、移動・来店に見合う価値を提供する必要があり、今後さらに難易度が上がっていくと思います。

前述した、「ビジネスモデルの賞味期限」の４つ目のチェックポイントに、「顧客に『移動・来店行動を求める』ビジネスモデルになっていないか？」という項目があったのを思い出してください。「顧客に移動・来店させるビジネス」は人々に受け入れられなくなり、今後ますます先細りしていくのではないでしょうか。

■スマホの普及、利便性の向上が進むなかで自社はどの立ち位置を取るべきか？

では「飲食業」はどうでしょうか？　飲食店も、お客さんに直接お店に来てもらい、そこで食べたり飲んだりしてもらわないと成立しないビジネスです。そんななか、ウーバーイーツなどのデリバリーサービスが浸透したことで、実店舗に物理的に人を移動させるハードルが上がっています。これからの飲食店は、いままで通りの発想、やり方では生き残っていけないでしょう。ではどうすればいいのでしょうか？

飲食店が人々に「お店に来てもらう」という移動を強いるのなら、そこに何かしらの「付加価値」を提供する必要があります。これについては後述しますが、たとえば「サブスク型のサービスを取り入れる」などです。そのほかにも、お店に来れば「いろいろな人と出会える」「何か新しいことが体験できる」なども、付加価値になるかもしれません。

これから**人々に移動・来店行動を強いるビジネスは、お客さんに「移動することで、何かメリットがある」「足を運ぶことに、目的がある」と感じてもらえないと、成り立たない**と思います。

以前なら、多くの人は「なんか暇だし、飲みにでも行く？」という感じで居酒屋などに足を運びました。居酒屋へ行って、みんなで飲んだり食べたり喋ったりするのは、ある種の「娯楽」だったのです。しかし最近は、そういうモチベーションで飲みに行く人は、以前に比べてかなり減っているのではないでしょうか。居酒屋へ行くかわりに、「スマホのなかの娯楽」、つまりＳＮＳや音楽・動画、ゲームなどに時間を割くようになったのです。

最近、パチンコ店の売上も下降傾向にあるようです。以前、「することがないし暇だから、パチンコにでも行くか」とパチンコ店に足を運んでいたお客さんたちは、ここ数年でスマホのなかの娯楽に奪われてしまいました。「可処分時間」という言葉がありますが、個人が自由に使える時間（可処分時間）がスマホに奪われているのです。

つまり、**人を移動させるビジネスは、よほど強い魅力を持って人々のモチベーションを喚起できなければ、スマホに負けてしまう**のです。

ここで企業が考えないといけないのは、**自社の商品・サービスは、「お客さんを物理的に移動させなくても売れるのか？」、自社のビジネスモデルは、「スマホのなかで完結できるビジネスモデルとして成立するか？」**です。

たとえば駅前にある喫茶店だとしたら、「リモートワークする人が増えて、あまり駅周辺に人が来なくなったときに、どうすれば商売を続けられるか？」を考えるのです。また文房具店なら、「うちの商材は、インターネット上でオンライン販売できるのか？」と考えるのです。それができないとすると、インターネット、スマホを中心に展開している競合に顧客を奪われてしまうでしょう。

企業は、スマホの普及、利便性の向上が進むなかで、「自社はどの立ち位置を取るべきか？」をよく吟味し、新たなビジネスモデルを構築していく必要があるのです。

「うちのビジネスモデルは変えられない」と諦めない

■「ラーメン店の通販」「入場料制のバー」、飲食店のユニークな新サービス

ここまで読んできて、「そうは言っても、いまの自社のビジネスモデルは、そう簡単には変えられない」「どう考えても自社サービスのデジタル化やサブスク化は無理」と思う人もいるかもしれません。しかし、「うちのビジネスモデルは変えられない」と諦めないでください。**発想を変えれば、「これならうちでもできるかも！」というビジネスモデルが構築できる可能性がある**のです。

ここからは、そんな新たなビジネスモデル展開のヒントになりそうな、ユニークな事例を紹介します。まずは「飲食業界」の新しいビジネスモデルです。

いま「宅麺.com」という、国内最大級のラーメン通販サイトが注目を集めています。

宅麺.comは、全国津々浦々の行列店のラーメン・つけ麺のなかから、厳選した商品をお取り寄せできる通販サイトです。「わざわざ有名店に足を運ばなくても、好きな場所で、いつでも『有名店のそのままの味』を楽しめる！」というのが、当サイトの売りです。当サイトで販売している商品は、実際に店舗で出されているスープと麺・具材をそのまま冷凍して全国に配送しています。扱っている商品は、すべて店舗で実際に出されている商品と同じもので、各商品には、そのラーメン・つけ麺専用の作り方説明書が同封されています。

宅麺.comは、「有名ラーメン店のラーメンは、そのお店に行かなければ食べられない」という常識をくつがえす、ユニークな発想のビジネスモデルといえます。

ほかにも、ユニークな発想の飲食ビジネスを展開しているお店があります。「原価BAR」というバーです。

東京・三田にあるこのお店は、入場料2500円（税込）を払うだけで、3時間以内なら店内のビール（12種類）、ウイスキー（350種類）などのお酒をすべて原価で楽しめるという、ユニークなシステムのバーです。「お酒を気兼ねなく何杯でも楽しんで欲しい」というオーナーの思いから生まれたこのお店では、ビールは260円から、ウイスキーは70円から楽しめます。

すべて原価で提供しているため、いままで手の届かなかった憧れの高級ウイスキーや、ほかのバーでは高くて飲めなかったウイスキーも原価で楽しめます。また、約60種類のフードも原価（50円～）で販売しているので、低予算でたくさん食べられます。

「〇時間、〇〇円で飲み放題！」という飲食店はこれまでもありましたが、この店のユニークな点は、「入場料を取る代わりに、ドリンクやフードを原価で売る」という点です。フードを原価よりもできるだけ高く売って儲けを出すという従来の発想ではなく、あくまでも入場料のみを利益にする、という発想なのです。

「原価ＢＡＲ」は、実際に来店するお客さんに「付加価値」を提供している好例といえます。

■広がる！　飲食店のサブスクサービス

飲食店にもサブスク型のサービスが広がっています。サブスク機能の提供、運用サポートなど飲食店のマーケティング支援を行なう「favy」のウェブサイトでは、つぎのような事例が紹介されています。

●月額３０００円で１来店１杯まで自家焙煎のマンスリーコーヒーを無料で提供するサブ

スクサービスや、月2回お花のプレゼントがある「コーヒー&フラワー会員」などのプランを展開するカフェ

●ラーメンが毎日無料になる「ラーメンパスポート（月額6800円）」やトッピングが無料になる「トッピングパスポート（月額300円）」など複数種類のサブスクサービスを提供するラーメン店

●月額2980円で「月額飲み放題会員」になると、ドリンク2時間飲み放題を毎日無料で楽しめる焼き肉店

●年会費1万6500円で入会できる「特別会員」になると、黒毛和牛の塊肉などアラカルトメニューが、いつでも半額になる高級焼き肉店

●月額550円でドリンクが1杯199円になる定期券を販売している居酒屋

●月額4000円で通常1800円の飲み放題が1日1回無料になるサブスクを販売している居酒屋

●月額2980円で、日替りの国産樽生クラフトビール6種類の中から1日1杯好きなビールを無料で提供するサブスクを販売しているビストロ

●月額3980円でカレーが1日1杯無料で食べられるサブスクを提供しているカレー専門店

（2022年10月時点で「favy」に掲載されている事例です）

このように、飲食店でもその店独自のサブスク型サービスを導入するお店が増えています。もしあなたが飲食店経営者なら、これらの事例を参考に、「お客さんは、うちの店の何に対して魅力を感じ、何を目的に来店してくれるのか」を分析したうえで、「どんなサブスクを導入すれば、お客さんが通い続けてくれるのか？」を検討してみましょう。

■「在庫0」で紙の本を売る「POD」出版サービス

先ほど、音楽業界のビジネスモデルの変遷について言及しましたが、出版業界にも目を向けてみましょう。

デジタル化、サブスクのビジネスモデルが急速に普及した音楽業界に比べて、出版業界は、「新しいビジネスモデルへのシフト」という点において、少しおくれをとっているように見えます。

とはいえ、漫画を中心とした電子書籍利用者は増えつつあり、インプレス総合研究所の調査によると、２０２１年度の電子書籍市場規模は５５１０億円と推計され、２０２０年度の４８２１億円から６８９億円（14・3％）増加。２０２６年度には８０００億円の市場に成長すると予測されています。

電子書籍利用者が増えているとはいえ、まだ「紙の本を買って読みたい」というニーズを持つ人が多いため、出版業界は従来通りの方法で、印刷書籍の制作・販売を中心としたビジネスモデルで成り立っています。

そんななか、新たなビジネスモデルにチャレンジしている事例を紹介します。完全にオンラインに特化した出版事業を展開している出版ブランド「SlowWater（スローウォーター）」です。

スローウォーターでは、「紙の本を、初版○千部という単位で印刷する→取次会社経由で書店に卸す→書店で販売する」という従来の出版システムをとっておらず、完全にオンライン特化型の出版システムによって事業展開しています。つまり、アマゾンや楽天ブックスなどのウェブストアのみで印刷書籍を販売しているのです。

ここで、「どこの出版社でも、印刷書籍をアマゾンなどでオンライン販売しているのでは？」と思う人がいるかもしれません。確かに多くの出版社が、実店舗での販売に加え、ウェブストアでも同じ本を販売しています。ですが、スローウォーターがユニークな点は「POD書籍」の出版に特化している点です。

PODとは「プリントオンデマンド」の略で、アマゾンなどのウェブストアで欲しい本を注文すると、1冊の注文に対して1冊だけ印刷製本されて購入者のもとに届く、というオンデマンド方式の印刷書籍です。PODは、わざわざ街の書店に足を運ぶ必要がなく、しかも「在庫切れ」がないので、ユーザーは欲しい本をいつでもスマホなどから手軽に買えます。

出版側にとってのメリットとしては、「書籍の印刷に必要なデータのみを、取次会社または販売ストアに送付すればいいので、印刷製本、流通・販売の手間がかからない」「在庫ゼロなので、在庫切れもなく、絶版になるリスクもない」などがあります。加えて、「在庫を抱えなくていいので、倉庫代など管理コストが軽減できる」「店頭で売れ残った本の返品がないので、余計な手間やコストがかからない」「出版後、書籍データの入れ替えができるので、本の中身のバージョンアップや改訂などが容易」などもメリットです。

またアマゾンのPOD向けサービスを使えば、海外向けの出版も可能です。アマゾンがサービス展開している国や地域なら、現地のアマゾンサイトで簡単に印刷書籍を販売できるのです。

従来、海外で自社本（英語翻訳本など）を売りたい場合、出版社はその国の出版エージェントなどと交渉し、その国の流通・販売システムに則った煩雑な手続きを踏まないと出版できませんでした。海外出版は、時間も手間ひまもかかる、非常にハードルの高いビジネスだったのです。しかしいまや、アマゾンの活用などによって、とても簡単・スピーディに海外出版できる時代になったのです。

最近、個人が出版社を立ち上げる「ひとり出版社」も増えています。そうした背景には、先に言及したように、スマホなどによってDtoCビジネスモデルの展開が容易になったことに加え、ＰＯＤのような新しい仕組みの普及が、その流れをあと押ししているといえるのではないでしょうか。

ここで紹介した事例のように、これまで「うちのビジネスモデルは変えられない。従来の方式でやるしかない」「この業態でデジタル化、サブスク化は無理」と考えられていた分野でも、発想の転換次第で、新しいビジネスモデルにシフトできる可能性があります。決して諦めることなく、時代の流れに乗った新しいビジネスモデルに、果敢にチャレンジしてみてはいかがでしょうか。

これから起業するなら迷わず「売り切り型」以外のビジネスモデルをつくれ

■サブスクモデルは「サービス、コンテンツの質・量の向上」が必要

先ほど、飲食店におけるサブスクサービスの事例を紹介しましたが、サブスクを導入する場合、忘れてはならない重要なポイントがあります。**サブスクは、ある意味、顧客に「来店、リピート利用を強要する行為」**です。したがって、リピートを強要されても「利用したい」と思わせるだけの魅力あるサービス・商品かが重要なのです。

牛丼チェーンの「すき家」のサブスクサービスを例に挙げて説明しましょう。

「すき家」では、月額200円で、すき家のメニューがお得に食べられる「Sukipass（スキパス）」という定額パスポートを提供しています。スキパスを提示すれば、牛丼やカレーなど特定のメニューを1か月、「何回注文しても70円引き」という値引き価格で食べられ

るのです。

２００円払って1回あたり70円安くなるということは、月に3回以上お店に行って食べればお得（元がとれる）という計算になります。言いかえれば、「すき家に月3回以上来店させる魅力があれば、スキパスを買ってもらえる」のです。ここが、非常に重要なポイントです。

つまり、スキパスを売る時点で、お客さんが「月に3回以上は来ないから、買ってもムダ」と思ってしまったら、そのお客さんにとっての、すき家の魅力が低いということです。高頻度で来店してもらえる魅力をつくらないと、サブスクサービスはうまくいかないのです。


飲食店に限らず、**どんな業種でも、サブスクサービスを導入する場合は「サービスやコンテンツの質・量の向上」が不可欠**です。「売り切り型」なら、極端な話、商品やサービスにそれほど魅力がなくても、口のうまい営業マンが営業トークでお客さんをその気にさせれば、買ってもらえるでしょう。しかしサブスクの場合は、そこに「継続利用、高頻度利用したいと思ってもらえる魅力」、つまり**お客さんが「お得感」を感じられなければ、お客さんはそのサブスクサービスを購入**（登録）**してくれませんし、ましてや継続利用してくれない**のです。

さらに、そのサブスクを利用し続けていれば、「顧客にとっての効果・効用が増大する」という要素も重要になってくるのですが、その点については、「コミュニティ&サブスクモデル」をテーマにした第8章でくわしく解説します。

■毎月、確実に「損益分岐点を超えるビジネス」にする

もうひとつ、サブスクを基軸としたビジネスモデルを考えるうえで重要なポイントは、毎月、確実に「損益分岐点を超えるビジネス」にすることです。「損益分岐点を超える」とは、言いかえれば、「赤字にならないための最低限の売上高目標を達成する」ことです。

経営における評価指標に**「MRR（月次経常収益）」**があります。

MRR（Monthly Recurring Revenue）は、毎月繰り返し得ることのできる売上のことです。おもに月単位の定額売上がベースとなるサブスクの場合は、このMRRをきちんとチェックすることが重要です。

また、MRRと同時に注目すべきは**「ARR（年間経常収益）」**です。

ARR（Annual Recurring Revenue）は毎年決まって得られる売上のことです。「ARR=MRR×12」という計算式で算出され、MRRが増えるのに比例してARRも増加して

いきます。年間契約によるサブスクでは、このＡＲＲをきちんとチェックし、年間ベースで確実に収益を上げ、企業として健全に成長できていることが重要です。

前述したように、私はアウトソーシングで飲食店（ＮＦＴを活用した共同オーナー制バー）を経営しており、共同オーナーたちには「入会金３万円」と「月会費約５０００円」を払ってもらいます。毎月、確実に損益分岐点を超えるのに必要な共同オーナー数が集まってから、新規店舗をオープンするというビジネスモデルです。

このようにサブスクでは、サービスを開始する前に、ＭＲＲ、ＡＲＲがきちんと読めていること、確実に勝算があることを見極めてからスタートすることが、重要な経営手法となってきます。

ちなみに、ＡＲＲの数値が大きくなることは、「企業の成長」を表わしています。逆に小さくなると、「事業の改善が必要である」と判断されます。つまり、ＡＲＲは投資家にとっても、企業価値をはかるときの貴重な判断材料になるのです。**ＡＲＲは社内的な経営上の指標としてだけではなく、投資家からの判断基準ともなる**ことも覚えておいてください。

■ビジネスモデルの初期設計を間違えると修正が難しい

先ほど、サブスクにおいては、毎月、確実に「損益分岐点を超えるビジネス」にすることが重要だと述べました。これは、「フロー型」ではなく、「ストック型」ビジネスにすることとも言えます。

フロー型は、1回ごとの販売で顧客に商品やサービスを提供する「売り切り型」ビジネスモデルであり、ストック型は、継続的に収益を上げられる、収益継続型ビジネスモデルです。したがって、サブスクは、「ストック型」ビジネスモデルと同義と考えていいでしょう。

「ストック型」ビジネスモデルは、初期設計が重要です。フロー型（売り切り型）ビジネスモデルなら、いつでもサービス・商品内容や提供の方法、仕組みなどを変更できます。しかし、ストック型（収益継続型）ビジネスモデルでは、最初に顧客から利用料などを支払ってもらうため、途中でそう簡単にサービス内容などが変更できません。ビジネスモデルの初期設計を間違えてしまうと、途中での修正が難しいのです。

したがって、ストック型ビジネスモデルを開始する場合は、まず事前にMRR、ARR

を算出し、「確実に毎月、毎年、損益分岐点を超える売上が立つ」という確証を得ると同時に、「この先何年間も、このビジネスモデル設計で問題なく経営が成り立つか」をしっかりと吟味する必要があります。

たとえば、飲食店でサブスクを軸とした店舗をオープンするなら、最初に期間限定で、近所の人向けのサブスクパッケージを作って宣伝してみましょう。そのサブスクパッケージを多くのお客さんが買ってくれて、毎月損益分岐点を超えられそうだと判断できたら、正式にサービスを開始するのです。こうして、テストマーケティングを実践します。

いざサブスクを開始してみたけれど、「結局、赤字になってしまった」では遅すぎます。**ビジネスモデルの初期設計の段階で、確実に黒字化する仕組みを考えてからスタートさせましょう。**

ストック型、つまりサブスク型のビジネスモデルは、企業側も顧客側も得をする、Win-Winの関係を築けるかが肝になります。そのためには、企業側にとっては「確実に継続収益が得られる」ビジネスモデルであらねばならず、顧客側にとっても「継続するメリット」のあるビジネスモデルでなければなりません。また、売り切り型では、売り手と買い手の関係性は一過性のものですが、ストック型、サブスク型では「長期間、継続的にい関係性」を構築する必要があります。つまり、ストック型ビジネスモデルでは、長期間にわたって利用者の満足度を高めていく努力が求められるのです。

ストック型ビジネスには、大きく分けて「定期購入型」「レンタル型」「スクール型・会員制型」などがあります。

定期購入型は、顧客の利便性が高いと継続的に利用されやすくなります。定期購入型は、おもに通販ビジネスなどに多く導入されています。

レンタル型のビジネスモデルとしては、家具、家電、服、ブランド品、高級時計などのレンタルサービスが最近注目を集めています。従来、それらのアイテムは「買う」ものであり、「借りる」という発想はありませんでした。しかし最近は、それらを「買って所有する」のではなく、「借りる」という選択肢が一般的になりつつあります。そのあたりについては次章でくわしく説明します。

スクール型・会員制型のビジネスモデルとしては、従来のスポーツジム以外に、月額定額でオンラインフィットネス＆ヨガのレッスンを受けられるサービスなどがあります。

私も現在、新たなサブスク型の人材紹介サービスを立ち上げようと計画していますが、このビジネスモデルのポイントは、やはり顧客とのWin-Winの関係性です。最初にまとまった額の紹介料をもらうのではなく、紹介した人材が顧客企業に定着している間は毎月定額をもらう。顧客企業と定期的に課題や問題点などをヒアリングして、顧客企業が2年目以降も継続したければ、引き続き契約を継続するというビジネスモデルです。

さて、ここまでさまざま視点で、これからあるべきビジネスモデルについて考えてきました。これからの時代を生き残っていくためのビジネスモデルは何か？　みなさんもう答えはおわかりですね。そう、顧客に移動・来店行動を求めない、スマホのなかで事業展開できるビジネスモデルであり、レンタル、シェアリング、サブスクなど「売り切り型」以外のビジネスモデルです。とくにこれから起業を考えている人は、迷わず「売り切り型」以外のビジネスモデルをつくるべきでしょう。

そして、新しいビジネスモデルを考える前にすべきことは、本章冒頭で述べたように、「いま現在の自社のビジネスモデルの『賞味期限』をチェックすること」です。まずはそこから始めましょう。

次章以降は、脱所有経営における代表的なビジネスモデルである「レンタル」「シェアリング」「コミュニティ&サブスク」と、章ごとにテーマを絞って考えていくことにします。

Chapter 5　まとめ

▶自社ビジネスモデルの「賞味期限」をチェックすべし。特に「売り切り型」ビジネスモデルになっていないか？は最重要チェックポイントである

▶旧来のビジネスモデルから抜け出せないと、DtoCやCtoCを展開する競合他社に駆逐されてしまう危険性がある

▶「顧客を物理的に移動させなくても売れる」「スマホのなかで完結できる」ビジネスモデルを展開しないと、スマホ中心に展開する競合に顧客を奪われる可能性がある

▶「自社のビジネスモデルは変えられない」と思っても、発想の転換で新しいビジネスモデルにシフトできる可能性がある。果敢にチャレンジすべし

▶サブスクは、サービス開始前にMRR（月次経常収益）とARR（年間経常収益）をチェックし、確実な勝算を見極めてからスタートすべし

Chapter 6

「レンタル型」ビジネスモデルのつくり方

なぜいま「レンタル型」ビジネスモデルが注目されるのか？

■「レンタル」は江戸時代からあるシンプルなビジネスモデル

「所有の時代」が終焉《しゅうえん》しつつあり、「顧客・ユーザーに所有させないビジネスモデル」が成り立ちやすくなっています。これからのビジネスの勝ち筋は「売り切り型ではないビジネスモデル」、すなわち「レンタル」「シェアリング」「コミュニティ＆サブスク」だと述べてきました。ここからは、これらのビジネスモデルのつくり方について順番に見ていきます。まず本章で取り上げるのは、「レンタル型」のビジネスモデルです。

みなさんは「レンタル」と聞いて、何をイメージするでしょうか？　おそらく多くの人が、すでに何度か話題にしてきた「レンタカー」や、一度は利用したことがある「レンタルビデオ店」などを、まず思い浮かべるのではないでしょうか。

こうした「レンタル型」ビジネスモデルは、「シェアリング」や「コミュニティ&サブスク」型ビジネスモデルのように、新しいビジネスモデルではありません。たとえば「レンタカー」の歴史は長く、アメリカで世界初のレンタカーが登場したのは１９１６（大正5）年、日本でレンタカー事業（貸自動車）が本格的にスタートしたのは、１９４９（昭和24）年だと言われています。

また、レンタルビデオ店として有名なTSUTAYAは、創業者の増田宗昭氏が１９８２年に「喫茶兼、貸レコード店」を開業し、翌年、大阪府枚方市に「蔦屋書店 枚方店」を創業したのが始まりです。その後、１９８５年にカルチュア・コンビニエンス・クラブ株式会社（ＣＣＣ）が設立され、ＣＤ・ビデオ・ＤＶＤなどの音楽・映像ソフトを中心にレンタル・販売サービスを拡大していきました。

もっとさかのぼると、「レンタル型」ビジネスモデルは、なんと江戸時代から存在していたようです。江戸時代には、「鍋、釜、ふきん、ふんどし」など、さまざまなものがレンタルされていたと言われています。なかでも、江戸時代中期から庶民も「本」を読むようになったため、行商人が本を貸し出す「本のレンタル」がかなり繁盛したようです。

このように、「レンタル型」ビジネスモデルは、とくに目新しいものではなく、昔からある、とてもシンプルなビジネスモデルなのです。

■「レンタル型」ビジネスモデル拡大をあと押しする、顧客・ユーザー心理と意識の変化

そしていま、再び「レンタル型」ビジネスモデルに注目が集まっています。昔からあるレンタル商品に加え、**家具、家電、服など、「えっ、そんなものまで借りられるの？」と思う商品がレンタルできるようになっている**のです。

「レンタル型」ビジネスモデルが注目を集めている背景を、「顧客・ユーザー心理・意識の変化」という側面から見てみましょう。そこには、大きく2つの要素があります。

ひとつ目は、**顧客・ユーザーの「レンタルに対する抵抗感が薄れた」**ことです。これまで「借りる」という行為は、「買う」「所有する」という行為よりも下位に置かれ、何となく「カッコ悪いこと」「恥ずかしいこと」と思われてきました。しかし、いまや多くの人にとって「借りること」はカッコ悪いことでも恥ずかしいことでもありません。

2つ目は、**「大量生産、大量消費（＝ムダな消費）に対する抵抗感を持つ人が増えている」**ことです。つまり、「所有してもいずれ捨てることになるので、買うのはもったいない」という心理です。たとえば、序章でも紹介しましたが、「ハクキンカイロ」というベンジ

ン（液体燃料）で発熱するオイル式カイロがいま、海外を中心に人気を博しています。貼るタイプのカイロは使い捨てです。また、本体もパッケージの袋もゴミになります。「ハクキンカイロ」なら、「何度も繰り返し使えて、ゴミも出ないのでエコで環境にもいい」と、キャンパーをはじめ、世界各国から注目を浴びているのです。

こうした顧客・ユーザー心理と意識の変化は、「SDGs（持続的な開発目標）」や「サステナビリティ（持続可能性）」という考え方の浸透とともに、ますます拍車がかかっています。

このように、「レンタルに対する抵抗感が薄れた」ことと「消費に対する人々の意識の変化」が、「レンタル型」ビジネスモデルの普及、拡大をあと押ししているのです。

■どんなものが「レンタル型」ビジネスモデルとして成立しているのか

では、実際にいまどんなものがレンタルできるのでしょうか？　実際にあるレンタルサービス（レンタル可能なもの）を、ざっとリストアップしてみました。

・移動に関するレンタル

車（レンタカー）、自転車（レンタサイクル、自転車シェアリング）

・生活・趣味関連のレンタル

CD・ビデオ・DVD、家具・家電、寝具、ベビー・キッズ用品、アウトドア用品、レジャー用品、観葉植物、ペット

・ファッション関連のレンタル

洋服、バッグ、靴、腕時計、ジュエリー、アクセサリー、小物

・仕事・オフィス関連のレンタル

パソコン、タブレット端末、携帯電話、ウォーターサーバー、コピー機・複合機、シュレッダー、デスク、テーブル、チェア、ワゴン・脇机、書棚、ロッカー

・場所・スペース、建物関連のレンタル

畑、農園、レンタルスペース、貸し会議室、倉庫、シェアハウス

このリストを見てわかるように、レンタルサービスには、「レンタカー」や「レンタルビデオ」のように昔からあるサービスと、「家具・家電」「洋服、バッグ、靴」「腕時計、

ジュエリー、アクセサリー」などのように、比較的新しいレンタルサービスがあります。また前述したように、レンタルサービスには、サブスクやシェアリングサービスとの線引きが難しいもの、複数のビジネスモデルの要素を併せ持つものもあります。

■注目度が高まる「家具・家電」のレンタルサービス

先ほどリストアップしたなかで注目したいのは、「家具・家電」のレンタルサービスです。家具や家電は、かつては「買って所有する」のが当たり前でした。「家具や家電を借りる」という発想は、あまりなかったのです。ところがいまは、価値観が変化し、「家具や家電は、レンタル品で十分」「ライフステージや気分によって家具を気軽に換えたい」と考える人が増えており、そうしたニーズに応える家具・家電のレンタルサービスが増えつつあります。

そんなサービスのひとつが、「CLAS（クラス）」です。2018年からスタートしたCLASは、「個人向けレンタルサービス」と「法人向けレンタルサービス」の両軸で事業を展開しており、たとえばつぎのような商品がレンタルできます（2023年1月執筆現在）。

・CLASでレンタルできる商品

ソファ、ベッド・寝具、チェア、テーブル、デスク、収納、テレビ台、照明、ラグ・カーペット、カーテン、観葉植物、アウトドア用品、洗濯機、冷蔵庫、電子レンジ、テレビ、掃除機、PC周辺機器、空調家電、美容家電、ベビー&キッズ用品、など。

CLASでは、ユーザーメリットとして、「初期費用をかけずにサービスが使える」「リーズナブルにおしゃれな家具をそろえられる」「生活の変化に合わせて、また気分を変えたいときなどに家具をレンタルできる」「汚したり壊れたりした場合の保障があるので安心」といったことを挙げています。

CLASのほかにも、生活雑貨ブランドの「無印良品」が、2021年1月から「家具・収納用品のレンタルサービス（月額定額制）」を開始するなど、当分野のレンタルサービスが急速に拡大しつつあります。

このように、従来は「所有するもの」と考えられていた家具や家電のレンタルサービスが、「必要なものを必要なタイミングで必要なだけ使えて便利（利便性）」「好きなものを手軽に自由に選べる（柔軟性）」という理由で、人々の生活に浸透しつつあるのです。つまり、**人々の価値観の変化を捉え対応したサービス**だと言えます。

同様の理由で「洋服、バッグ、腕時計、ジュエリー、アクセサリー」などファッションアイテムのレンタルサービスも増えていますが、そのあたりについてはのちほど、あらためて取り上げます。

■まずは「いま自社で売っているものをレンタルにできないか？」と考えてみる

いま市場全体に、「よけいなものを買うのはもったいない。借りられるなら、レンタルでいいのでは？」という意識、ムードが広がっています。また現代の日本社会では、「なかなか所得が増えず、貯金もできない」という人が増えています。そうした経済的に余裕がない多くの人々は、以前のように「とりあえず買っておけば、いつか使うだろう」という発想をしなくなったのです。

加えて、レンタルには「使いたいときに使えて、不要になったら返せばいい」「所有することで発生するコスト（修理・買い替え費用など）もかからない」というメリットがあります。多くの人々が「これからは、レンタルできるものは、すべてレンタルでいいのでは？」と考えてもおかしくありません。

レンタルサービスは、多くの人々にとって、いまや「なくてはならない存在」です。そんな時代において、**これからの企業は「脱売り切り型」ビジネスモデルのひとつの選択肢として、「レンタル型」ビジネスモデルの展開を検討すべき**です。

では、「レンタル型」ビジネスモデルを展開するとき、どのような考え方で、どのような点に注意して実行していくべきでしょうか？　それについては、このあとくわしく解説していきますが、ここでは、新たにレンタルサービスを始めるうえで押さえておくべき重要なポイントのみを、簡単に述べておきます。

レンタルサービスを始めるうえで忘れてはならない基本的な考え方があります。それは、まず**「いま自社で売っているもの、または一般的な商品をレンタル商品にできないか？」と考えてみる**ことです。

「レンタル型」ビジネスモデルの基本コンセプトは、扱う商品にもよりますが、「質のいい中古品をいかに安く買い取って、いかに顧客にとってリーズナブルな料金で、できるだけ長期間貸し出して利益を得るか」です。「レンタル型」ビジネスモデルでは、新商品を開発したり、あまり市場に流通していない「目新しい商品」を用意したりする必要はありません。まずは、身近にある「まだレンタルされていない商品」を探して、それをレンタル商品にすることから始めてみてはいかがでしょう。

■「使用期間・時間が短い商品」は、レンタルサービスへの移行を検討すべき

もうひとつ重要なポイントは、**「使用期間・時間が短い商品は、レンタルサービスへの移行を検討する」**ことです。

たとえば、ベビー用品は、使用期間が短い商品の代表例です。子育てを経験した人ならわかると思いますが、子どもができて、ベビーベッドやベビーカーを買っても、数年で使わなくなってしまいます。そうした使用期間・時間が短い商品は、レンタルに適していると言えます。

ほかにも、キャンプ用品などの「アウトドア用品」、人や場合によっては「車や自転車」なども、「使用時間が短い」商品です。キャンプ用品であれば、よほどのキャンプ愛好家でない限り、一般家庭の場合、おそらく「年に1、2回」しか使わないでしょう。また、車や自転車を持っていても、使うのは「週に何回か」「月に数回」という人も多いのではないでしょうか。そういうものは、顧客・ユーザーが「購入するよりもレンタルにしたほうが、メリットが大きい」と判断する可能性が高いので、レンタルに向いているのです。

そうした発想とともに、「競合他社を意識する」ことも重要です。自社と同じものを売

っている競合他社が、ある日突然、レンタルサービスを開始したらどうでしょう？　顧客・ユーザーは競合のレンタルサービスに流れてしまい、自社の「売り切り型」ビジネスモデルが、あっという間に成り立たなくなる可能性があります。もしあなたの会社が「使用期間・時間が短い」商品を扱っているとしたら、「いつ競合他社が、新たにレンタルサービスをリリースしてくるかもしれない」という危機感を持つべきです。

　また、**「売り切り型」から「レンタル型」に一気にシフトしなくても、「売り切り型」ビジネスモデルと並行して、レンタルサービスを始めてみるのもひとつの手**です。自社で売っている商品のレンタルサービスを展開している会社が存在しなければ、あなたの会社は「一人勝ち」できるかもしれません。

　ここでお話ししたような発想と意識を持って、「レンタル型」ビジネスモデルの構築を検討してみてください。

「レンタル型」ビジネスモデルの特徴とメリット＆デメリット

■「レンタルとリースの違い」を知って、最適なビジネスモデルを考えよ

ここからは、「レンタル型」ビジネスモデルのつくり方について、さまざまな視点で考えていきます。その前に、まず「レンタルというビジネスモデルの特徴」や「レンタルサービスのメリットとデメリット」を明確にしておきましょう。ここでは「パソコン」のレンタルとリースの違いを例に挙げて説明します。

まず基礎知識として知っておきたいのが、「レンタル」と「リース」の違いです。これについては第2章でも説明しました（112ページ参照）。

顧客からすると、「レンタル」は短期的に、「リース」は長期的に利用する場合に便利なシステムと言えます。「レンタル型」ビジネスモデルを構築・展開しようと思うなら、こ

の「レンタル」と「リース」の違いを十分に理解したうえで、それぞれの商品に合った最適なビジネスモデルを検討すべきでしょう。

一般的に、パソコンを借りる場合は「リース型」のイメージが強いと思いますが、「レンタル型」のサービスも普及しつつあります。実際に私もパソコンのレンタルサービスを利用しているのですが、月額料金もリーズナブルで大変便利です。

私が利用しているのは、OA機器・通信コンサルティングなどの事業を行なっている「ジャストリンク」という会社のレンタルサービスです。同社では、機種によっては「月額2900円」からパソコンをレンタルできます。また、「配送料無料（初期・修理対応時）」「期間中の機種変更OK（デスクトップ型からノート型への変更も可能）」などのオプショナルサービスも提供しています。

こうしたパソコンのレンタルサービスが拡大していくと、家電量販店やパソコンを売っている既存の会社は、たまったものではありません。コスト面で考えても、利便性の面で考えても、「購入するよりもレンタルのほうがいい」と考える人が増え、多くの顧客がレンタルサービスに流れてしまう可能性があるからです。

しかし、多くの人がいまだに「パソコンは買うもの」と思い込んでいて、こうしたレンタルサービスを利用している人・会社は、まだまだ少ないのが現状です。「古くなったパソコンが低スペックのため作業効率が下がり、従業員が苦しんでいる」「パソコンが壊れてしまい、しばらくの間ＰＣ作業ができなくて不便」という問題を抱えて困っているケースも少なくないのです。

■「レンタル型」ビジネスモデルの顧客にとってのメリット・デメリット

「レンタル型」ビジネスモデルを構築するうえで、当然なら、顧客側から見たメリットとデメリットを押さえておく必要があります。**顧客にとって、「レンタル型」ビジネスモデルにどんなメリットとデメリットがあるのかを、きちんと理解していないと、顧客ニーズをかなえるサービスをつくることはできない**からです。

前述したように、レンタルといってもさまざまな商品があり、ものによって、顧客が感じるメリットとデメリットは微妙に異なります。ここでは、代表的なレンタル商品として取り上げてきた「パソコン」を例に考えてみましょう。

パソコンのレンタルにおけるメリットとデメリットについては第2章でも説明しましたが、もう一度整理するとつぎのようなものが挙げられます。

「パソコン」レンタルの顧客にとってのメリット

●導入コスト（購入費用）がかからない
●導入時のセッティングがラク
●メンテナンスに手間やコストがかからない
●最新機種を借りれば、仕事の生産性がアップする
●廃棄の手間とコストがかからない
●必要なくなれば解約（返却）できる

「パソコン」レンタルの顧客にとってのデメリット

●レンタル会社が所有しているパソコンしか選べない
●最終的に返却しなければならず、自社で所有できない

これらがパソコンのレンタルにおける顧客から見たメリットとデメリットです。

■「売り切り型」と「レンタル型」ビジネスモデルの大きな違い

では、企業側（レンタル会社側）から見た「レンタル型」ビジネスのメリットとデメリットはどのようなものでしょうか？　それについてはのちほど詳述しますが、ここでは、「売り切り型」と「レンタル型」ビジネスモデルの根本的な違いについて説明しておきます。

「売り切り型」と「レンタル型」のビジネスモデルを比較した場合、「売り切り型」の強みは、「商品が売れれば、その時点で利益が得られる」ことです。別の言い方をすれば、商品を一度売ってしまえば、「あとはお客様の責任で使ってください」と言えることです。少し言葉は悪いですが、ある意味、「売り逃げできる」のです（もちろん商品によっては保証期間内の修理・交換対応や各種アフターケアなどが必要となります）。

一方、「売り切り型」ビジネスモデルの弱みは、「レンタル型」に比べて「価格における優位性」が低いことです。競合他社が、同じ商品を「顧客が、購入するよりもお得だと感じる価格」でレンタルし始めた場合、価格面で勝負しても負けてしまう可能性が高いのです。

そう考えると、**「レンタル型」ビジネスモデルの最大の強みは、「売り切り型」に比べて「価格における優位性」にある**と言えます。

一方、**「レンタル型」ビジネスモデルの弱みは、レンタル商品をまず自社で購入してから貸すため、「最初に投資が必要となり、利益が得られるのはあとになる」こと**です。したがって、「レンタルの稼働率が低いと、損失が出てしまう場合がある」リスクを負っています。そのため「売り切り型」よりも、さらに慎重に商品選定をする必要がある、つまり「商品の仕入れ」が非常に重要になってくるビジネスモデルと言えます。この点については のちほどくわしく解説します。

もうひとつ、「売り切り型」と「レンタル型」の違いにおいて注目すべき点は、レンタル会社と顧客の、どちらが「商品に対して、より大きなリスクを背負うか(責任を持つか)」です。ここでのリスクとは、その商品が提供側の手を離れたあと、「気に入らなかった」「役に立たなかった」「故障・破損した」というトラブルが発生するリスクです。

「売り切り型」であれば、基本的に顧客側がそのリスクを背負います。その商品が、気に入らなくても、実際に使ってみたらあまり役に立たなくても、故障・破損しても(保証期間内であれば別ですが)、顧客側の責任において対応することになります。

「レンタル型」では、基本的にそうしたリスクはレンタル会社が背負います。顧客側で、その商品が「気に入らない」「役に立たない」「故障・破損した」場合でも、レンタル会社が無料で交換・修理などの対応をするのです。ただし、会社によっては有料サービス（オプション）の場合があります。

つまり、**「その商品の所有権を持っているほう（所有者）が、リスクを背負う」**のです。ここに「売り切り型」と「レンタル型」の大きな違いがあります。その意味で、「レンタル型」は「売り切り型」よりも「より顧客本位のビジネスモデル」と言えるかもしれません。

ここまで述べてきたように、「売り切り型」と「レンタル型」には、それぞれメリットとデメリット、強みと弱みがあります。それらを踏まえたうえで、「レンタル型」ビジネスモデルへのチャレンジを検討すべきでしょう。

とはいえ、繰り返し述べているように、これからのビジネスの勝ち筋は「売り切り型」ではないビジネスモデル」です。「売り切り型」ビジネスモデルを、惰性で漫然と続けている間に、ライバル会社が「レンタル型」サービスを展開してきたら、みなさんにはその競合に勝つ自信があるでしょうか？「はい！」と即答できなければ、本書を参考に、ぜひ「レンタル型」ビジネスモデルの構築を検討してみてください。

固定観念を捨てて「高級品もレンタル商品にできる」と考える

■注目の高級腕時計レンタルサービス「KARITOKE」

ここからは、「レンタル型」ビジネスモデル構築において必要な考え方と、知っておくべき基本的な手法について、いくつかの事例を挙げて解説します。

かつて「レンタル」というと、一般的に「中古品を安く借りる」というイメージがありました。ところが**最近、高級腕時計やブランドもののバッグなど「高級ブランド品」もレンタルの対象として、サービス提供側からも顧客側からも注目されている**のです。いくつか具体的な例を紹介しましょう。

最近注目されているレンタルサービスのひとつに、「KARITOKE（カリトケ）」があります。

KARITOKEは、「腕時計のある生活」をコンセプトにサービス展開している、取扱い数日本最大の腕時計レンタルサービスです。

ユーザーは、「ロレックス」「オメガ」などの高級ブランドを含む50ブランド・1300種類の中から、好きな腕時計を月額4378円（税込）からレンタルできるため、シチュエーションや気分に合わせて、気軽に高級腕時計を楽しめます。

KARITOKEでは、当サービス利用のメリットとしてつぎのようなものを挙げています。

- 国内最大級「50ブランドのラインアップ・1300種類」の中から気になるブランド腕時計を選べる。
- 利用期間は1か月から。利用頻度に合わせて利用できる。
- 長期利用の場合、毎月、気分に合わせて好きな腕時計に交換（借り換え）可能。
- 通常使用による軽微な傷、故障、破損のお客様負担がない（通常使用と認められない傷、故障、破損等の場合に備えた「安心キズ保証プラス：月額1078円（税込）」もあり）。

こうしたKARITOKEのようなレンタルサービスは、「本来なら高過ぎて買えないし、買ってまで身に着けたいとは思わないが、一度は高級腕時計を持ってみたい」というユーザー心理を突いた、まさに現代にマッチした「レンタル型」サービスと言えます。

■「バッグ、ジュエリー、アクセサリー、小物」のレンタルも人気急上昇

腕時計だけでなく、バッグやジュエリー、アクセサリー、小物のレンタルサービスの人気も高まっています。

たとえば、無料の会員登録で憧れのブランドアイテムをレンタルできるサービスに、「BrandCity（ブランドシティ）」があります。BrandCityでは、24時間いつでもウェブサイトからレンタルの申し込みができ、品物は2か月先まで予約可能。利用期間は「3日間から、1日単位で最長90日間まで」となっています。

また、「SHAREL（シェアル）」では、おもに女性向けにブランドバッグ、ネックレス、リング（指輪）、ブレスレット、時計などのレンタルサービス（月額定額制）を提供しています。SHARELは、つぎのような人にマッチしたサービスです。

- 女子会、パーティ、結婚式、二次会、旅行、ビジネス、ちょっとしたお出かけなどで、いろいろなブランドバッグを気軽に使いたい。
- 高価なバッグを買ってもしばらく経つと飽きて使わなくなってしまう。
- シチュエーションに合わせてオシャレなバッグが欲しいけれど、たくさん持つと管理が

大変。

- ブランドバッグを買ったけれど、実際使ってみたら満足できなかった。

SHARELでは、ユーザーはレンタルした商品が気に入ったら、そのまま購入することもできます。

■「買うのは高いけれど、一度は持ってみたい」と思うものはレンタル向き

高級腕時計やブランドバッグ、ジュエリーなど、男女問わず多くの人が「簡単には買えないが、一度は持ってみたい、身に着けてみたい」と思っている憧れの商品、つまり、**人の「所有欲・自己顕示欲」を満たす商品はレンタルに向いています。**「レンタル商品は中古品」という固定観念を捨てて、「高級品もレンタル商品にできる」、もっと言えば、「高級品こそがレンタル向きの商品である」という発想に切り替えるべきです。

また、先に「使用期間・時間が短い商品は、レンタルに適している」と述べました。高級腕時計やブランドバッグ、ジュエリーなどは、人にもよりますが、使用するシチュエーションが限られている、使用頻度が低い（使用期間・時間が短い）商品です。その意味でも、これらはレンタルにマッチした商品と言えるでしょう。

いまはよほど経済的に余裕のある人や、「所有」に憧れ・執着を持つ一部のコレクターでない限り、高級ブランド品を「購入しよう」とは思いません。いまの時代に高級品を商材にして「売り切り型」で勝負しようとしても、そこにあまり勝ち目はないのです。

腕時計やバッグ、ジュエリーなどに加え、「洋服や靴」などファッション系アイテムのレンタルに対する顧客ニーズも高まっており、今後「レンタル型」ビジネスの有力サービスになっていくのではないでしょうか。

実際に「服のレンタルサービス」は好調で、2015年にスタートした「airCloset（エアークローゼット）」というサービスが注目を集めています。airClosetは、普段着に特化したファッションレンタルサービス（月額料金制）で、「専門のスタイリストがコーディネートした服」を手軽に利用できます。

サービスの特徴は、「服は上下で使える1セットと1点の合計3点が送付される」「申し込むコースによっては、借り放題もできる」「担当スタイリストがユーザーの好みを分析しコーディネートしてくれる」などです。また「返却時のクリーニングは不要」で、「送付された服が気に入った場合には、会員価格で購入可能」といったサービスも人気です。

ただ単に「服をレンタルで貸し出す」だけにとどまらず、「プロがコーディネートしてくれる」という付随サービスを売りにして展開している点が、当サービスの肝と言えそうです。

■高級品のレンタルサービスを展開するときの「3つのポイント」

高級腕時計やブランドバッグのレンタルには、独自のメリットや、押さえておくべきポイントがあることも覚えておきましょう。高級品のレンタルサービスには、つぎの3つの重要ポイントがあります。

ひとつ目は、**「キズ、故障の保証を引き受けることで需要がさらに伸びる」**ことです。KARITOKEの利用メリットにも、「通常使用による軽微な傷・故障・破損のお客様負担がない」とありましたが、高級品のレンタルサービスでは、こうしたサービスを付加することで、レンタル中の顧客の心配を解消することが重要です。それによって、レンタル会社側が背負うリスクやコストは増えますが、その分、需要が高まると考えるべきでしょう。

2つ目は、**「レンタルしている間も商品の価値は落ちずに上がっていく」**ことです。

高級腕時計やブランドバッグは、もちろんブランドやものにもよりますが、傷や汚れがつかない限り、基本的に価値が下がりにくい商品です。レンタルしている間も、ものによっては、商品価値は落ちずに上がっていきます。これが高級品のレンタルにおいて、かなり大きいメリットです。

通常は、パソコンなどのようにレンタルして月日が経てば経つほど、経年劣化も含めて商品価値が下がっていきます。しかし腕時計、バッグ、ジュエリーなどは、傷ついたり破損しなければ価値が下がりにくいので、レンタル商材として利用し続けても継続的に高利益を生み出せます。

ここで重要となるのは**「リセールバリュー」**という考え方です。リセールバリューとは、**一度購入したものをリセール（再販売・転売）するときの価値ですが、リセールで値落ちしないものは人気があるので、需要が底堅い**のです。

3つ目は、**「高く売れるタイミングでレンタル対象から外して販売もできる」**です。

たとえば高級腕時計が急に値上がりしたら、レンタル商品から外して業者に売却する、または顧客向けに販売してもいいのです。いろいろな選択肢を柔軟に考えて展開すれば、多くの利益を得ることができるのも、高級品レンタルの大きなメリットです。

ここで述べた「高級品レンタルの強み」を踏まえて、紹介した商品以外にも、「レンタル商品にできるものはないか？」と検討してみることをお勧めします。

賢いレンタルサービスのつくり方
押さえておくべき「6つのポイント」

ここからは、レンタルサービスを成功に導くうえで押さえておくべきポイントについて、さらに具体的に解説します。レンタルサービスを成功させるポイントはつぎの6つです。

① 顧客メリットをさらに高めるための「付随サービス」をオプション化する
② レンタルする「価格と期間の設定」を十分に吟味する
③ 商品の「切り替えタイミング」に気をつける
④「売却」を考え、レンタル期間中も「商品の価値を下げない工夫」をする
⑤ レンタル終了（返却）に合わせて「新たなレンタル」「購入」の提案を行なう
⑥「中古で良質のものを、いかに安く仕入れるか」に注力する

ひとつひとつ見ていきましょう。

■①顧客メリットをさらに高めるための「付随サービス」をオプション化する

「レンタル型」ビジネスモデルを成功させるためには、まずは前述した「レンタルサービスにおける顧客のメリット」をよく理解することが大切です。そのうえで、「顧客のメリットをさらに高めるため（または、顧客のデメリットを解消するため）の付随サービス」をオプション化することが重要です。

たとえば、先ほど例に挙げたパソコンレンタルのジャストリンクでは、さまざまなオプショナルサービスを用意しています。「期間中は何度でも交換可能（デスクトップ型からノート型への変更も可能）」「無償交換（センドバック保証付き）」「データ消去、証明書発行無料」などです。

このようなオプショナルサービスによってサービスの付加価値を高めることは、レンタルモデルにおいて非常に重要な要素です。「売り切り型」であれば顧客が背負うべきさまざまなリスクを、レンタル会社側が背負ってくれるところに、「レンタル型」サービスの付加価値があるのです。

「レンタル型」ビジネスモデルでは、「売り切り型」よりも長期間にわたって顧客とのつき合いが続きます。**「どのようなオプショナルサービスが顧客メリットを高めるのか?」を十分に検討して、それをサービスに組み込むことが成功の秘訣**です。

■②レンタルする「価格と期間の設定」を十分に吟味する

「レンタル型」ビジネスモデルを展開するうえで、「価格(レンタル料金)」と「レンタル期間(顧客がレンタル可能な期間)」の設定も重要なポイントになってきます。

「価格設定」では、購入費用と比べたときの、顧客が感じる「お得感」「納得感」が必要です。したがって、**レンタルにおける価格設定は、期間単位で見たさいに、顧客が「買うよりも安いと感じる価格」に設定するのが理想**です。

とはいえ、顧客がその商品を「どれくらいの期間使おうと思っているのか」、つまり「数日間だけ借りるのか」「サブスク的なサービスで長期間借りるのか」によっても、購入とレンタルのどちらがお得か、の基準も変わってくるので、判断は難しいところです。

いずれにせよ、「その商品は、いまいくらで販売されているのか?」「お客様は、この商品のレンタル価格が月額(または年間)いくらなら、お得だと感じてくれるのか?」をよく吟味して、顧客にとって納得感のある価格設定をすべきでしょう。

くわえて、①で前述したように、「無料交換ＯＫ」「無料修理の保証付き」といった、顧客メリットを高めるオプショナルサービスがついていれば、さらに借りてくれる確率が高まります。「レンタル型」ビジネスモデルでは、そのあたりまで含めて慎重に検討して価格設定するべきです。

そして、価格設定と同時に重要なのが**「レンタル期間」**、**とくに「最短契約期間」の設定**です。

その商品の最短レンタル期間を「１日から」とするのか、「１週間から」または「１か月単位のサブスク型」と設定するのかは、商品の種類によっても異なってくるでしょう。パソコンのレンタルであれば、「最短１日からレンタルＯＫ」というところもありますし、前述したKARITOKEの利用期間は「１か月から」、BrandCityは「３日間から」とさまざまです。レンタル期間についても「価格設定」同様、顧客のニーズを分析しながら、最適な期間設定をすべきでしょう。また商品によっては、**「最短契約期間」をあまり短くしてしまうと、オペレーションやメンテナンスに時間とコストがかかり過ぎ、「これでは商売として成り立たない」ということになりかねないので、注意が必要**です。

■③商品の「切り替えタイミング」に気をつける

レンタル品として取り扱う商品を、「使い古されたものから新しいものへ」「古い型から最新型へ」と切り替えるタイミングも重要です。

商品を切り替えるタイミングとポイントは、商品の種類によって異なります。たとえばパソコンなどの機器は、毎年のように、どんどん新しい機種、最新モデルが出てきます。古い機種をずっとレンタル品として提供していたのでは陳腐化してしまい、顧客の満足度が下がってしまいますし、最新機種をレンタルしている競合他社に負けてしまいます。「自社商品の品質・スペックが保たれる期間を計算して、顧客の納得感を得る」ことが重要です。また、その機器の耐用年数も含めて考え、どれくらいの期間、レンタル商品として使用するかのプラン設計をすることが大切です。

腕時計やバッグ、服や小物などファッション系アイテムでは、少し視点が変わってきます。それらの**商品を切り替えるタイミングにおいてキーワードとなるのは、「顧客の飽き」と「流行り廃り」**です。

ファッション系アイテムには、「しばらく使ったら飽きてしまった」という顧客の気分変化や、「一時期は流行の先端をいっていたが、いつの間にか流行遅れの商品になってしまった」という要素がつきまといます。それらによって、顧客ニーズが急落してしまうリスクがあるのです。

また、ファッション系アイテムでは、当然、顧客の個人的な「好み」も大切な要素です。好みに合っていないと「ダサい」と評価されてしまいます。ターゲットにするユーザー層の趣味嗜好をよくリサーチして、顧客のさまざまな好みに応えるバリエーションを用意するなどの工夫も必要でしょう。

商品の切り替えにおいてポイントとなるのは、法人向けパソコンなど、おもにBtoB（法人向け）商品の場合は「高機能を搭載した新商品の登場」に気をつけること。ファッション系アイテムなどBtoC（消費者向け）商品の場合は「顧客の飽き」や「流行り廃り」に気をつけることです。それらを早めに予見して商品の仕入れを行なうことも重要になってきます。仕入れの重要性についてはのちほどもう一度説明します。

■④「売却」を考え、レンタル期間中も「商品の価値を下げない工夫」をする

「レンタルした商品が顧客から返却されたあと、その商品をどうするか？」も、「レンタ

ル型」ビジネスモデルにとって重要な課題です。商品が汚れたり破損したりしていたら、「クリーニングや修理するなどメンテナンスして、再びレンタルする」のもひとつの方法です。そしてもうひとつの選択肢は、その商品の「売却」です。

ここで重要になってくるのが、「売却時に、いかに高く売れるか」です。多くの商品が高く売れて売却益が増えるのであれば、その分レンタル料金を安く設定できるかもしれません。

商品を1円でも高く売却するためには、レンタルしている間に、その商品の価値を「できる限り下げない」ことが重要です。たとえば高級時計は、傷ついたり破損しなければ、レンタルすることによって商品価値が大きく下がることはありません。つまり、**できれば長期間レンタル商品として使っても、価値が下がりにくいものを商材にするほうが、「レンタル型」ビジネスとしては儲かる**のです。

高級品以外の商品でも、レンタルが終わったときの「売却」を想定して、売却価格が下がらないように「メンテナンスに力を入れる」「顧客に注意喚起する」などの工夫が大切です。同時に、「商品リペア（修理・補修・修繕）の発生頻度、修理コストが予想できない場合は保険でカバーする」ことも重要です。最近は、修理補償に特化した「リペア保険」というものがあるので、それを活用するなどして、リスクヘッジをすることが大切です。レンタル商品が高頻度で破損して、やたらと修理コストがかかるといった事態は、「レンタル型」ビジネスでは絶対に避けなければいけません。

■⑤レンタル終了（返却）に合わせて「新たなレンタル」「購入」の提案を行なう

「顧客にリピーターになってもらうこと」は、「売り切り型」ビジネスモデルでも重要な課題ですが、「レンタル型」ビジネスモデルにおいても同様に重要です。顧客が何か特定の商品をレンタルして、「返却したらおしまい」ではなく、その顧客に引き続き自社商品を「レンタルし続けてもらう」ことで、安定した収益を得られます。

そのためには、たとえばパソコンなら、顧客が借りていた商品を返却するときに「つぎはこの最新機種をレンタルしてみませんか？」と**別の自社商品を提案して、自社サービスを継続利用してもらうよう働きかける**のです。

「レンタル型」ビジネスモデルでは、気をつけないと、「一人の顧客が、必要な商品を必要なときだけ借りて終わり」という「フロー型」になってしまう危険性があります。そうした顧客をいかにリピーター化し、「ストック型」に変えていくかが大切なポイントです。

また、**顧客がレンタルしていたものを返却するとき、「この商品を、安い値段で購入し**

ませんか？」と提案、**お勧めするのも、収益性向上をはかるひとつの手法**です。

そもそも顧客には、「まずはレンタルで試してから、買いたい（買い物に失敗したくない）」というニーズがあります。そうしたニーズに応えるべく、最初から「まずはお試しでレンタルする」→「気に入ったら購入する」という流れ（プラン）をつくってあげるといいでしょう。

実際にKARITOKEやSHARELなど、ブランド品などのレンタルサービスを展開しているところでは、「試してから安く購入できる」「購入する場合、それまで支払ったレンタル金額が、購入金額に充当される」という購入制度を用意するなど、「レンタル」から「購入」への流れをつくる工夫をしています。

「レンタルから購入に切り替えたさいの特典」などを準備しておくことも重要です。「ご購入後のアフターフォローも、引き続きしっかりやります」「購入後の修理は無料で引き受けます」など、レンタルサービスと同様の顧客メリットを残しながら所有してもらう、という流れをつくることが大切なのです。

■⑥「中古で良質のものを、いかに安く仕入れるか」に注力する

「レンタル型」ビジネスモデルでは、「売り切り型」よりも、商品の「仕入れ」、とくに「中

古品（リユース品）の仕入れ」がより重要となってきます。レンタルサービスでは、商品ジャンルにもよりますが、新品ではなく「中古品（リユース品）」を仕入れて貸し出すのが主流だからです。実際にKARITOKEや、家具・家電レンタルのCLASでも、多くの中古品（リユース品）を扱っています。

先に述べたように、「レンタル型」ビジネスモデルは、簡単に言えば「質のいい中古品をいかに安く買い取って、いかに顧客にとってリーズナブルな料金でできるだけ長期間貸し出して利益を得るか」というビジネスモデルです。したがって、**「レンタル型」ビジネスモデルにおける成功の鍵は、「中古で良質のものを、いかに安く仕入れるか」**にあると言ってもいいでしょう。

そのためには、「質の高い中古品を安く、安定的に手に入れるために買取事業を推進する」「信頼できる仕入れ（買取）業者に、長期的な契約を前提としたディスカウントの提案をする」などがお勧めです。

先に、「いま自社で売っているものをレンタル商品にできないか？」を考えてみましょうと提案しました。現在「売り切り型」ビジネスモデルの会社で、中古品に限らず「自社で良質の商品を安く仕入れられるルート」を持っているなら、その商品をレンタル化してみるのもひとつの手でしょう。「自社で販売した商品を顧客から買い戻し、レンタルできないかを検討する」のもいいかもしれません。

もちろん、「仕入れ」において重要なのは、良質の商品を適正な価格で仕入れられる「目利き力」です。目利きができないと、いい商品を安く仕入れることはできません。

「仕入れ」においては、中古品・新品を問わず「オシャレでセンスのいいもの」を選び、商品ラインアップの「センスのよさ」をアピールすることもひとつの戦略でしょう（とくにファッション系や生活用品など）。

たとえば、スキーウエアやスノーボードウエアなどは、かつては「レンタルは、ちょっとダサいから嫌だな」と敬遠されがちなアイテムでした。「レンタル商品＝ダサい」というイメージを払拭するべく、大きな仕入れコストの負担がかからない範囲で「オシャレでセンスがいい」レンタル商品を売りにすれば、そこに商機が生まれるかもしれません。

結局、安くていいものを確実に仕入れられて、そこに、いかに顧客メリットを高めるオプショナルサービスや、価格以外のメリット・付加価値をつけて貸し出すかがポイントです。そこをうまく押さえた事業展開ができれば、大きな利益を生み出せる「レンタル型」ビジネスモデルを構築できるのではないでしょうか。

■「レンタル型」ビジネスモデルの展開は、競合が出てくる前に早めのスタートを

本章の最初に、つぎのように述べました。

●「レンタル型」ビジネスモデルは、とくに目新しいものではなく、昔からある、とても「シンプルな」ビジネスモデルである。

●「売り切り型」から「レンタル型」への移行を考える場合、そこに「目新しさ」は不要。「いま自社で売っているもの」「一般的な商品」でレンタルモデルをつくることから始めてみる。

これだけ聞くと、「レンタル型」ビジネスモデルは、誰もがすぐに展開できる、新規参入しやすいビジネスモデルだと感じるかもしれません。しかし、ここまで読んで気づいたかもしれませんが、**「レンタル型」ビジネスモデルは、しっかりと綿密なプラン、仕組みを考えて展開しないと成功できない、実は難易度が高いビジネスモデル**です。

先に、「レンタルサービスには、サブスクやシェアリングサービスとの線引きが難しいもの、複数のビジネスモデルの要素を併せ持つものもある」と述べました。「レンタル型」ビジネスモデルは、その展開方法やサービス内容・商材によって、このあと説明する「シ

エアリング」「サブスクリプション」などと連動し、さらに広がりを持ったサービス展開ができる可能性を秘めています。「レンタル型」ビジネスモデルは、古くからあるシンプルなビジネスモデルであると同時に、未知の可能性を秘めた「新しいビジネスモデル」なのです。

今後は多くの企業・人が、「レンタル型」ビジネスモデルに参入してくると予想され、「売り切り型」ビジネスモデルがますます厳しくなっていくでしょう。

繰り返しになりますが、「レンタル型」ビジネスモデルは、しっかりとしたプランや仕組みが必要な、意外に難易度が高いビジネスモデルです。今後さらに多くの競合が「レンタル型」サービスに打って出てきたとき、「うちもすぐにレンタルを始めよう！」と慌てて開始しても、そう簡単には上手くいきません。そんなことにならないよう、早めに計画を立てて「レンタル型」ビジネスモデルをスタートさせることをお勧めします。

Chapter 6　まとめ

▶レンタルサービスに「目新しさ」は不要。まずは「既存自社商品」や「一般的な商品」から始めてみる

▶「使用期間・時間が短い商品」は、レンタルサービスへの移行を検討する必要がある

▶「レンタル商品は中古品」という固定観念を捨て、「高級品こそレンタルサービスにマッチした商材」と考える

▶「いかに安くていいものを仕入れ、価格以外のメリット・付加価値をつけるか」が、「レンタル型」ビジネスモデルの肝である

▶レンタルはシンプルだが、意外に難易度が高いビジネスモデル。競合が出てくる前に、早めに計画を立ててスタートする

Chapter 7

「シェア型」ビジネスモデルのつくり方

ＩＴの発展で構築しやすくなった「シェア型」ビジネスモデル

■主要コンセプトは「余っている人」と「欲しい人」のマッチング

本章のテーマは「シェアリング（以下、シェア）型」ビジネスモデルです。本題に入る前に、そもそも「シェア型」のビジネスモデル、シェアサービスとはどのようなものかを、もう一度整理しておきます。

あらためて言うまでもありませんが、「シェア型」ビジネスモデルのベースとなる考え方は「シェア（共有）」、すなわち「分け合うこと」です。

前章でフォーカスした「レンタル型」ビジネスモデルと、「シェア型」ビジネスモデルの一番大きな違いは、レンタルは「不特定多数の人に対して何かを貸し出す」ことであり、シェアは「おもに特定範囲（会員組織やコミュニティ）のなかで、何かを分け合う」ことです。

前述したように、一般的に定義されているシェアサービスとは、場所や空間、移動手段、モノ、スキル、お金、などを所有せずにシェア（共有）するサービスのことを指します。具体的には、「民泊、カーシェアリング、ライドシェアリング、フリマアプリ、家事代行、クラウドソーシング、クラウドファンディング」などです。最近普及・利用が進んでいる「自転車シェアリング」や「シェアハウス」などもある種のシェアサービスと言えます。

また、第5章で、フリマアプリの「メルカリ」のような「CtoC（個人間取引）型」ビジネスモデルは、「不要なものを、必要な人に提供する（売る）」ことをベースにしており、その根本に「シェア（共有）」という考え方があると述べました。

こうした「シェア型」ビジネスモデルのほとんどは、インターネットを介して企業とユーザー、ユーザー間の取引が行なわれています。

こうした**「シェア型」ビジネスモデルにおいて重要なコンセプトのひとつが、「『余っている人』と『欲しい人』のマッチング」**です。「余っている人」とは、たとえば「使わないモノが余っている」「必要なくなった（ムダな）モノを持っている」という人や会社です。

そうした「余ったモノを所有している人・会社」と、「その余っているモノを欲しいと望んでいる人」をマッチングするのが、「シェア型」ビジネスモデルの軸となるコンセプトです。

また、モノだけでなく、駐車場、会議室など「使わない（空いている）場所・スペースがある」という人と、「その場所・スペースを求める人」をマッチングするサービスや、「個人の空き時間やスキル」をシェアするサービスも増えています。

２０１０年代半ばに、世界的経営コンサルタントの大前研一氏は、こうした「余っている・空いているもの」を、インターネットを介してやりとりし、そこから新たな価値を生むビジネスモデルを**「アイドルエコノミー」**と呼び、提唱しました。アイドル（idle）とは「使用されていない」「遊んでいる」という意味です。

大前氏は、「従来型のレンタル、シェアモデルがさらに進化し、これからはアイドルエコノミーが主流になっていくだろう」と予測しましたが、いままさに、そのアイドルエコノミーが普及・拡大しつつあるのです。

では、いまどんな「アイドルエコノミー」＝「シェア型」ビジネスモデルが注目されているのか、いくつか具体的な事例を見てみましょう。

■注目を集めるマッチング型シェアサービス

最初に紹介するのは、「使わない（空いている）場所・スペース」の「シェア型」ビジネスモデルです。

「場所・スペース」のシェアといえば、世界最大手の空き部屋シェアサイト「Airbnb（エアビーアンドビー）」が有名ですが、法規制などの問題もあり、日本ではあまり普及していません。

そんななか、国内で着実に普及しつつある「場所・スペース」の「シェア型」ビジネスモデルがあります。自分の駐車場を貸したい人と、外出先で駐車場を探している人をマッチングする「駐車場シェアサービス」です。

駐車場シェアには、「軒先パーキング」や「akippa（アキッパ）」など、さまざまなサービスがありますが、ここでは「軒先パーキング」にスポットを当てて紹介します。

「軒先パーキング」（運営：軒先株式会社）は、「駐車場をお出かけ前に予約できる、駐車場予約サービス」です。「軒先パーキング」に登録している駐車場オーナーは、自分の駐車場が空いている時間が長く、その間、駐車場を有効活用したいという人たちです。

たとえば、自家用車で通勤している人や、日中自分の車を仕事に使っている人が、朝自宅から車で出かけて夜まで戻ってこないとします。そこで日中空いたままになっている駐車場を「軒先パーキング」に登録して、空いている時間帯だけ（1日単位で）貸し出せるのです。

自宅駐車場だけでなく、「マンションの空いている駐車場を外部の人に貸し出したい」「月極駐車場が空いていて、もったいないので、契約者が決まるまで貸し出したい」というニーズにも応えるサービスです。

駐車場を借りたいユーザーは、まず当サービスのウェブサイトで会員登録します。出かける前に目的地周辺の登録駐車場を探し、希望日時を入力して予約申し込みをし、事前発行されたパーキングチケットを使って外出先で予約した駐車場を使う、というシステムです。駐車場利用料金は駐車場ごとに異なります。

「軒先パーキング」を利用すれば、駐車場オーナーは「初期費用0円」で、空いている駐車場を貸し出すだけで収入を得られます。利用があった場合のみ、駐車場利用料金の38・5％（税込）を運営会社に支払う成功報酬制です。

また借りる側は、「外出先でコインパーキングを探す手間がはぶけ、満車に悩まされる

ことも なくなる」という両者Win-Winのビジネスモデルです。こうした「駐車場シェアサービス」は、その利便性から都市部を中心に需要が伸びており、今後さらに増えていくかもしれません。

■「個人の空き時間・スキル」をシェアするビジネスモデル

「個人の空き時間・スキル」をシェアするビジネスモデルも注目を集めています。

代表格は「ANYTIMES（エニタイムズ）」でしょう。エニタイムズは、日常のちょっとした用事を依頼したい人と、空き時間などに仕事をしたい人をつなげるスキルシェアサービスです。ここでは家の掃除や家具組み立て、料理代行、ペットの散歩代行、高齢者の介護など、さまざまなサービスがシェアされています。

「個人のスキル」をシェアするビジネスモデルの代表格は「ココナラ」です。ココナラは、ビジネスからプライベート利用まで、個人のスキルを気軽に売り買いできる日本最大級のスキルマーケットです。

個人間マッチング（CtoC）がメインの「エニタイムズ」に比べ、「ココナラ」はどちらかというとビジネス利用（BtoB）の要素が強いと言えます。ここでシェアされるサービスは、イラスト・漫画制作、ウェブサイト制作、ライティング・翻訳、プログラミングなど、おもにプロフェッショナル・サービスです。つまり、「仕事を依頼したい企業」と「個人のプロフェッショナル（フリーランスや個人事業主）」のマッチング的要素が強いのです。

また「ココナラ」には、「ビジネス代行・コンサル・士業」「マーケティング・ウェブ集客」といったカテゴリもあります。前者は、「独立・起業のアドバイス、事業計画の相談」など。後者は、「ウェブマーケティング・集客に関する相談、サイト診断やウェブ上での集客代行」などです。こうしたスキル提供者は、おそらく本業とは別に「副業」として行なっている人も多いのではないでしょうか。

ほかにもスキルシェアサービスには、「ランサーズ」「Craudia（クラウディア）」「TimeTicket（タイムチケット）」などがあります。また、家事代行サービスをメインに展開する「タスカジ」「CaSy（カジー）」、育児・チャイルドケアに特化した「キッズライン」、スポットコンサルサービスの「ビザスク」など、特定の分野に特化したサービスもあり、多くの人々に利用されています。

■「シェア型」ビジネスモデルは「コミュニティ」を軸に展開せよ

ここまで紹介してきたように、いま、さまざまなマッチングサービス、CtoCビジネスモデルが普及しつつあります。最初に述べたとおり、こうした「シェア型」ビジネスモデルでは、インターネットを介して取引が行なわれています。インターネットやITの普及によって「シェア型」、とくにCtoCビジネスモデルの構築がしやすくなったのです。

こうした流れが進むと、これまで従来のBtoCビジネスモデルを中心に展開してきた企業は、CtoCマッチングまたはBtoB（企業と副業する個人）マッチングを軸に「シェア型」ビジネスモデルを展開する企業に負けてしまうリスクが高まっていくでしょう。

とくにこれまでBtoCビジネスモデルのなかで「中間業者」として存在意義を保ってきた企業は、存亡の危機にさらされていると言っても過言ではありません。CtoCがより浸透する世界で、BtoCが生き残る道を模索する必要があるのです。

「シェア型」ビジネスモデルにおいて欠かせない要素は「マッチング」ですが、もうひとつ、「シェア型」ビジネスモデルにおいて忘れてはならない重要なキーワードがあります。

それは「**コミュニティ**」です。

「シェア型」ビジネスモデルにおける「シェアの仕組み」には、さまざまなパターンがあります。会員登録している個人間でシェアするパターンもあれば、一般の人が入れない完全にクローズドなコミュニティ内でシェアするパターンもあるでしょう。

いろいろなシェアのパターンがありますが、私が**本書でみなさんに提案したいのは、「コミュニティの要素を軸とした『シェア型』ビジネスモデル」の構築**です。実際に私自身が、「1人で（または1社で）抱えていたらもったいないもの（余剰資産や余剰時間など）を、コミュニティ内で分け合って使いましょう」というコンセプトのもとにサービス展開し、成功しているからです。

このあと紹介する私の取り組み事例は、本書を読んでいるみなさんでも、比較的容易に立ち上げられるビジネスモデルです。その取り組み事例の軸となっている「コミュニティ型シェアモデル」を、みなさんの新サービス立ち上げのヒントにしてほしいのです。

「余っている人と、欲しい人とのマッチング」から生まれる新たな価値

■他社の「スペースの未使用時間」をプラットフォーム化して提供する「PFO」

ここからは、「シェア型」ビジネスモデルの成功事例と、そこから見えてくるビジネスモデル構築のポイントを解説します。

私の取り組み事例を紹介する前に取り上げておきたいのは、KCCという会社が展開している「完全個室の定額制貸し会議室サービス」です。この事例を最初に紹介するのは、私もふだん仕事でこのサービスをよく利用しており、常々「非常によくできた画期的なビジネスモデル」だと感心しているからです。

愛知県名古屋市に本社を置く同社が展開しているこのサービス「Personal Free Office／パーソナルフリーオフィス（以下、PFO）」は、空いている会議室やセミナールームなどを、

登録会員向けに、リモートワーク（テレワーク）やミーティング用に貸し出すサービスです。２０２２年４月からスタートし、さまざまなメディアでも紹介されて話題になっています。

「貸し会議室サービス」と聞くと、「以前からあるレンタル会議室のこと？」「どこが画期的なの？」と思う人がいるかもしれませんが、このサービスのユニークな特徴は、やはり「余っている人と、欲しい人とのマッチング」にあります。

「直近の予約が入っていない未稼働の会議室があり、もったいない。有効活用できないだろうか？」と困っている貸し会議室運営会社などの会議室オーナーと、「リモートワークやリモート会議、急な商談などに使える場所を探している」ユーザーをマッチングするという点が、このビジネスモデルの肝なのです。

言い方をかえれば、ＰＦＯは「他社が所有しているスペースの未使用時間（空き時間）」を一般向けに提供する（シェアする）、「空き時間活用のサブスクプラットフォーム」とも言えます。

■１時間あたり約３００円から利用できるリーズナブルな価格設定

ＰＦＯの特徴や利用者にとってのメリットを、もう少しくわしく紹介します。ここでは、

「スペースを借りる一般ユーザー（以下、ユーザー）」と「会議室オーナー（以下、オーナー）」という2つの視点で見る必要があります。まずは「ユーザー視点」で見た特徴・メリットです。

ユーザーは、PFOに登録されている空きスペース（完全個室）を、リモート会議（ウェブ会議）、リモートワーク（テレワーク）、オンライン面接、対面での面接、勉強や読書など、さまざまな用途に使えます。スマホやパソコンから空き状況を確認して1週間前から5分前まで予約ができるシステムになっています。

PFOにはいくつかのプランが用意されており、スポットプランは「完全個室」を1時間あたり660円（税込）で利用できます。また定額制プランに登録すれば、スモールプラン（上限は月6時間）なら月額1980円（税込）、ビジネスプラン（上限は月80時間）なら月額1万6500円（税込）で利用できます。

私は月額4400円（税込）の「ライトプラン」に登録しているのですが、1か月15時間まで使えるので、1時間あたりの利用料金はたったの「293円」です。

なぜここまで利用料金を安くできるのでしょうか？　その秘密は「同業他社の未使用の場所・時間は安く仕入れられる」からです。この点についてはのちほど詳述します。

また、定額制プランに登録しているユーザーが、上限時間（最大利用可能時間）を月内に使いきれなかった場合、余った時間は翌月以降に上限時間に達するまで、自動的に繰り越しされるので時間ロスがありません。その点も非常に助かっています。

ＰＦＯに登録されている施設は、２０２２年4月時点で東京に１００か所、名古屋に60か所、大阪に30か所あります。出張先でも使えるように、同社では今後、札幌、福岡など地方の大都市にもサービスを広げる方針だといいます。

■月々のコストがかからず、登録するだけで収益が得られる仕組みとは？

では、オーナーから見たサービスの特徴とメリットはどのようなものでしょうか？

空いているスペースを貸し出したいオーナーは、まずＰＦＯのウェブサイトで、空スペースの掲載登録をし、ユーザーに公開して借りたい人を募ります。公開当日から7日後まで、貸し出す日時はオーナーが自由に設定可能で、埋めたい空き時間のみ貸し出しできます。予約の入っていない空き時間を有効活用（収益化）できる点が大きなメリットです。

オーナーにとってのメリットはそれだけではありません。彼らにとってさらに嬉しいメリットは、「初期費用・掲載費用」が無料で、しかも「掲載登録するだけで収益が得られる」

点です。つまり、「自社の貸し出しスペースが利用されない月でも、お金が入ってくる」のです。いったいどういうことでしょうか？　その秘密は、ＰＦＯ独自の「売上還元の仕組み」にあります。

ＰＦＯでは、オーナーA社の貸しスペースの利用がない月も、運営会社であるＫＣＣがA社に「ＰＦＯの月額利用料総売上の一部を還元するシステム」になっているのです。つまりサービス面だけでなく、収益も会員組織内部（ある種のコミュニティのなか）で「シェア」される仕組みなのです。

また、全国のユーザーにサービスを利用してもらうことで、そのスペースや運営会社の認知度がアップし、新規顧客の獲得につながる可能性が高まるというメリットもあります。

つまり、月々のコストがかからず、掲載登録するだけで収益を得られ、しかも販促効果も得られるという、オーナーにとっては非常に嬉しいサービスなのです。

■ＰＦＯのビジネスモデルから見えてくる「４つの成功ポイント」

ＰＦＯのビジネスモデルは、最初に述べたように、単なる「貸し会議室」サービスではなく、「余っている人と、欲しい人とのマッチング」で、借りる側にも貸す側にもメリットが生まれるところがミソです。

ここで、この事例から読み取れるビジネスモデル構築（実践）のポイントを考えてみましょう。

ひとつ目のポイントは、前述した**「同業他社の未使用の場所・時間は安く仕入れられる」**という点です。ＰＦＯでは、オーナーは「空いている場所・時間をそのまま放っておいたら、もったいない」「集客の手間も販促コストもかからず、しかも確実に利益が見込める」という理由で、通常より低価格で会議室を貸し出してくれます。ＫＣＣは「同業他社の未使用の場所・時間を安く仕入れられる」のです。

たとえば、飲食店を考えてみましょう。街の定食屋さんの場合、どこのお店でも忙しいのはランチタイムです。また、ディナーをメインにしているレストランなら、どのお店も夜の一定時間帯が忙しくなります。忙しい時間、暇な時間がだいたい一緒なのです。

自分たちが暇な時間帯（アイドルタイム）は、同業他社もアイドルタイムです。その時間帯を狙って、ほかの店から食材を安く仕入れて、自分の店舗でアレンジして販売する、というサービスも成り立つはずです。

2つ目のポイントは**「一定量を集めることで、利用者側の利便性が向上する」**ことです。

ＰＦＯの場合、全国に約２００か所の施設を抱えています（２０２２年４月現在）。利用者からすれば、全国の主要都市で利用でき、とくに出張時には便利です。提供量にある程度のボリュームがあると利用者の利便性が高まるのです。また、オーナーからすれば、自分たちで貸会議室サービスを運用するよりも、ＰＦＯのプラットフォームに参加すれば、より多くのユーザーに対して展開でき、稼働率が上がる確率が高まります。

３つ目のポイントは、**「収益分配を工夫することで、プラットフォーム参加者の納得感を得る」**です。

前述したように、オーナーはＰＦＯに登録しているだけで、自社スペースが利用されなくても、一定の分配金がもらえるシステムになっています。利用者にこうしたメリットを与えることでオーナーの納得感を得られ、オーナー登録者獲得を促進できます。

こうした収益分配の仕組みを使えば、飲食店でも新しいビジネスモデルが構築できます。たとえば、あなたがビジネスオーナーとなって、地域の中華料理店、和食料理店、フランス料理店など5店舗に協力してもらい、「月額2万円で、どのお店でも１日１食、好きな料理を食べられる」というサブスクサービスを展開するのです。

お客さんが2万円払ってくれたうち、「1万円は5店舗に２０００円ずつ共同分配し、残りの１万円は、お客さんが食べに来たお店に５００円分配する」という仕組みにすれば、あなたも利益を取れて、店舗オーナーたちはこの仕組みに参加するだけで収益を得られ、お客さんが自分のお店を利用してくれたら、さらに収益を得られます。

これについては、次章の「コミュニティ＆サブスク型」ビジネスモデルでも述べますが、**「コミュニティに参加するだけで、何らかの利益享受ができる」という仕組みの構築がポイント**となるのです。

4つ目のポイントは**「自社の課題は同業他社の課題でもあり、まとめてビジネス化する」**です。

KCCでは以前から「貸し会議室サービス」を展開していました。ところがコロナ禍で対面会議、対面セミナーなどのイベント開催が減り、会議室やセミナーホール、イベントスペースのレンタル稼働率が低下。同時に、リモートワークやリモート会議をする人が急増したため、その両者をマッチングさせることに商機を見いだしたのです。

ここで注目すべきは、同社は自社の会議室だけでなく、不動産会社やホテル、一般事業会社などから、空いている会議室やホールなどを「時間貸し対象物件」として提供してもらい、それもPFOのサービスに組み入れたことです。これがまさに、「自社の課題は同業他社の課題でもあり、まとめてビジネス化する」という視点です。

こうして見ると、ＰＦＯのサービスが非常によくできた仕組みで成り立っていることがわかります。この非常に生産性の高い仕組みは、貸し会議室業界における、ある種「独自の経済圏」を生み出したと言ってもいいかもしれません。貸し会議室事業を運営している事業者は、こうした経済圏があることを知らずに独自に集客していたら、なかなか集客できず経営不振に陥ってしまう可能性も十分にあります。

ＰＦＯは、「空いているスペース・時間を所有している人」と「それを求めている人」をマッチングするという点では、「軒先パーキング」と同じ理屈のビジネスモデルです。また、両者共通しているのが「貸す側は初期費用０円で、空いているスペースを貸し出すだけで収入を得られ、毎月の運用コストもかからない」という点です。

違いがあるとすれば、「軒先パーキング」はおもにCtoCマッチングなのに対して、ＰＦＯはBtoCまたはBtoBマッチング型のビジネスモデルだということです。

そしてもうひとつ大きな違いは、ＰＦＯは「自社の貸し出しスペースが利用されない月でも、収益が入ってくる」、つまり「会員組織（＝ある種のコミュニティ）に属しているだけで、何らかの利益を享受できる」点です。それが、まさに私が推奨する「コミュニティ型シェアモデル」の好例であるという理由です。

自社で抱える「人材」とその「スキル」を外部にシェアして収益を得る

■優秀な「専属SE」を同業者にシェアして収益を最大化する

ここからは、実際に私が取り組んでいる「シェア型」ビジネスモデルの事例を紹介します。これらは大きな市場相手のビジネスモデルではなく、ごく狭いコミュニティ内、同業者内でシェアするビジネスモデルなので、みなさんにも「これなら私たちにもできるかも」と思ってもらえるはずです。

最初に紹介するのは、「人材・スキル」をシェアするビジネスモデルです。「人材・スキル」のシェアサービスとして、先に「ココナラ」を紹介しました。「ココナラ」と私が運用しているビジネスモデルの違いは、もちろんその規模の大小もありますが、社労士業界という「コミュニティ」内で展開している点です。まずはサービス概要を簡単に紹介します。

私の社労士事務所では、常駐の「SE（システムエンジニア）人材」が欠かせない存在となっています。現在、とても有能なSEを1名雇用契約しているのですが、この「専属SE」を「ほかの社労士事務所にシェアする（貸し出す）」という人材・スキルシェア型のサービスを展開しています。

ここで、「なぜ社労士事務所にSEが必要なのか？」と思う人がいるかもしれません。本題に入る前に、まずその点についてお話ししておきます。

社労士事務所の主要業務として、顧客企業の「給与計算」業務があります。この業務は「RPA（ロボティック・プロセス・オートメーション）」というシステムを使うと、すべて自動で効率よく処理できるものです。ここでも、そのシステムを管理運用するSEが必要で、SEがいないと、すべて手動で処理しなければなりません。

また私の事務所では、顧客管理システムなどもすべてクラウドツールを活用していますが、そこでもSEが必要です。外部のSEに頼むこともできますが、社労士業務のことをわかっていて、事務所のこともよくわかっているSEが内部にいて業務にあたってくれるほうが何かと好都合です。「ヒト（人材）も脱所有が重要と言っていませんでしたか？」

という声が聞こえてきそうですが、このケースではスタッフを内部に抱える必要性が高いため、人材を所有するのが得策と判断しています。

ほかの業界同様、デジタル化が進む社労士業界（業務）でも、生産性を高めるためにITリテラシーが必須です。ITリテラシーが低い事務所は今後生き残っていけないでしょう。そこで、どんなデータをどう処理して、どう保管するかなど、システムを効率よく運用できるSEが必要不可欠なのです。

ほかの社労士事務所も、業務の効率的な運用をするためには、本来は自分たちの「専属SE」を雇うべきです。しかし、実際にSEを雇っている事務所はほとんどありません。ネックになるのが、やはり報酬の問題です。高いスキルを持ったSEを雇うとなると、それなりの高給を払わないと雇えないのです。

たとえば私の事務所のSEには、月額約50万円の給与＋賞与3か月分（年間約750万円）という報酬を支払っています。なかなかSEにそこまでの報酬を払える社労士事務所は少ないのです。

そこで考えたのが、この「SEをほかの社労士事務所にシェアする（貸し出す）」ビジネスモデルです。もうすこしわかりやすく言えば、「私の事務所の専属SEであるAさんに、外部事務所の仕事を委託業務として請けてもらい、その業務委託料（コンサル料）をAさんへの報酬にあてる」というものです。社労士業務について熟知していて、社労士業務に特化したシステムの管理・運用ができるエンジニアはほぼいないので、非常に高いニーズがあるのです。

■「実質無償雇用」と「ノウハウ蓄積」という2つのメリット

では、このビジネスモデルのポイント、つまり私の事務所にとってのメリットはどのようなものでしょうか?

メリットはおもに2つあります。ひとつは「SE人材シェアの収益で、そのSEの雇用人件費をカバーでき、実質無償雇用できる」ことです。2つ目は、「外部事務所の支援をすることで、私の事務所に、より豊富なノウハウが蓄積される」ことです。

ひとつ目のメリットから説明します。

現在、SEのAさんは外部の5つの社労士事務所の仕事をしており、私の事務所は業務委託料(コンサルティング料)として、毎月、各事務所から15万円(月額合計75万円、年間で900万円)をもらっています。先ほどAさんの年間報酬が約750万円だと言いましたが、この人件費をすべて、外部事務所に対するコンサル料で賄っているのです。

このビジネスモデルには、コスト面のメリットだけではなく、「外部事務所の支援を通じて、私の事務所に、より豊富なノウハウが蓄積される」という、もうひとつのメリットもあります。つまり、Aさんが外部事務所での業務を通して吸収したノウハウを、私の事務所の業務でも活用してくれるのです。「あそこの事務所でこんなことをやりましたが、とても効果的なやり方なので、うちの事務所でも取り入れますね」といった感じで、いろいろなノウハウを持って帰ってきてくれるのです。シェア先にとってもクオリティが上がるノウハウが蓄積されるといったメリットがあります。私の事務所にとっては非常に嬉しいことです。

もちろん外部事務所のみなさんにも、このサービスに大きなメリットを感じてもらっています。彼らからすれば、自前で高給のSEを雇うのは難しく、しかも社労士業務に特化したSEを見つけることは簡単ではありません。その意味で、優秀なSEを月15万円という金額で貸し出してもらえるというのは、夢のような話なのです。

「こんなに優秀なSEをうちで雇って管理・育成しておくので、みんなでシェアしませんか?」という発想のもと、私の事務所も外部事務所も、ともにWin-Winの関係を築けているのです。

■「シェア前提」で雇用すれば、すぐに「シェア型」ビジネスモデルがつくれる

このビジネスモデルは、**「社内人材を外部にシェアするだけ」という、運用の手間ひまがかからないシンプルな仕組みなので、みなさんの会社・業界でも実践できる**はずです。

たとえば、社内に販促物などDTP制作ができる人がいるとします。社内にそういう常駐スタッフがいると、臨機応変に業務をこなしてくれるので非常に便利です。もしそのスタッフの社内業務がそれほど多くなく、手が余っている場合や、何らかの事情で自社のみでフルタイム就業できない場合は、そのスタッフを外部の会社にシェアするという発想をしていいのではないでしょうか。

また、**最初から「同業他社へのシェアを前提に、専門家人材を雇用する」という選択肢を検討してみる**ことも重要です。

社労士事務所のSE業務やウェブ制作業務、DTP業務などのように「専門性が高く、発生頻度が低い業務」の外注単価は往々にして高くつきます。外部の専門家に高額報酬を支払わなければいけない業務は、まず内製化できないかを検討してみましょう。高い能力・スキルを持った専門家人材をシェア前提で雇用し、まず社内業務をこなしてもらえば、外

部人材に発注するより人件費が安く済む場合があります。しかも、彼らを直接雇用して、そのあとでほかの同業他社にシェアすれば、すぐに「シェア型」ビジネスモデルが展開できます。

ここで気をつけるべきポイントは、**シェアを前提に高い能力・スキルを持った専門家人材を雇用しても、「専門的な知識やスキルを持った上司がいないと、きちんと業務管理ができない」**ことです。そうした管理者がいない場合は、自分でしっかりと業務管理できる優秀な人材を雇う必要があります。

雇用する前に、「外注している業務を内製化した場合の労働時間」を試算することも大切なポイントです。ＤＴＰ制作業務なら、自社制作物の業務発生頻度を考えて、「いま外注している業務を内製化したさいの労働時間は何時間くらいになるのか？」「時間単価はいくらになるのか？」を綿密に計算してから雇用することが重要です。

ちなみに、社内人材を外部にシェアする場合の「貸し出し料金」の設定は、その人材の業務分野や業務内容に応じて、ケースバイケースで料金設定するべきでしょう。ＳＥ人材を外部にシェアする場合なら、前述のように「月額○万円」、または「○○業務（例：クラウドツール管理業務）に対して月額○万円」といった料金設定が適しています。ＤＴＰ人材を外部シェアする場合は、「時給単価3000円×貸し出す時間（作業発生時間）」のような料金設定が現実的ではないでしょうか。

また、人材だけでなく、**「外部にシェアできるコンテンツ」が社内にあれば、それをシェアする仕組みをつくり、「シェア型」ビジネスモデルを構築してみる**のもいいでしょう。

たとえば私の社労士事務所の場合、独自に作った各種業務の処理システムも、外部にシェア（販売）しています。自社内を見渡してみて、「すでにコンテンツとして成立しているものはないか？」「それをシェア用商材にできないか？」と考えてみましょう。小規模なビジネスモデルでも、まずはチャレンジしてみることで、コンテンツのシェアモデルを拡大・拡張できる可能性が広がります。

つぎは、この「コンテンツをシェアする」という考え方をベースに展開するビジネスモデルについて解説します。

すぐにつくれる！「自社ノウハウ」をコンテンツ化してシェアするビジネスモデル

■社労士事務所の経営ノウハウをシェアする「社労士アカデミア」

もうひとつ、実際に私が取り組んでいる「シェア型」ビジネスモデルを紹介します。

これは「自分たちが持つ専門分野のノウハウ」をコンテンツ化して同業者（社労士）向けにシェアする「社労士アカデミア」というサービスです。

「社労士アカデミア」では、私と仲間の社労士（社労士事務所経営の経験・実績豊富なメンバー）が講師となり、社労士事務所の経営ノウハウをコンテンツ化して、登録会員向けに販売しています。つまり、講師たちが長年にわたって培ってきたノウハウを、社労士仲間たちに「おすそ分け」しているのです。

コンテンツは「動画」や「ＰＤＦ資料」「パワーポイント資料」などで提供しており、

登録会員は、それらのコンテンツを閲覧・活用することで社労士事務所の経営について学べ、実践に役立てられるのです。

具体的な内容は、「事業計画書作成の方法、マーケティング施策の手法、効果的な営業方法、事務所の業務管理・スタッフの育成・戦力化の方法、労務監査対策」など多岐にわたります。それらについての作成ガイドやマニュアルだけでなく、そのまま使えるサンプルやテンプレートの提供もしています。場合によっては、初めて社労士事務所を開設しようと思っている人でも、ここで提供されるコンテンツを学び・活用すれば、社労士事務所を経営できてしまいます。

「社労士アカデミア」は、会員に月会費を払ってもらっているので、「シェア型」のビジネスモデルであり、同時に「サブスク型」ビジネスモデルでもあります。

「お試し会員」「ベース会員」「スタンダード会員」の3つのプランがあり、月額1000円（税別）の「お試し会員」は、いつでも動画コンテンツを視聴できる、動画視聴中心プランです。月額5000円（税別）の「ベース会員」は、動画視聴に加えてセミナー資料（PDF）を入手できます。また月額1万円（税別）の「スタンダード会員」になると、動画視聴に加え、自分で加工・アレンジして顧問先に持っていける「パワーポイント資料」を入手できます。

当サービスに登録している社労士は現在約350名（2022年12月時点）で、若手から、ある程度実績のある人まで、さまざまなキャリアを持つ全国の社労士が登録してくれています。

■自社開発したコンテンツをシェアするだけで利益を得られる

「社労士アカデミア」の登録会員にとってのメリットは、本来なら習得するのに何年もかかる社労士事務所経営のノウハウを、リーズナブルなコスト負担で入手でき、それをすぐに実践に使える点です。前述したように、ここで学んだことや、入手した各種ツールを活用すれば、場合によっては初めての人でも社労士事務所の経営ができてしまうのです。

では、我々運営側にとってはどのようなメリットがあるビジネスモデルなのでしょうか？

ひとつ目のメリットは、**「運用に手間ひま、コストがかからない」**ことです。

先ほど挙げた各種コンテンツは、一度作ってしまえば、あとはほとんど更新する必要のないものです。自分たちで開発したコンテンツを、ただシェアするだけで利益を得られるのです。

もちろんサービス向上のために、順次新たなコンテンツは投入していかなければなりませんが、あまり運用コストも工数もかからず、ある程度放っておいても会員が増えていくという仕組みです。そうした状態でサブスクの月会費が入ってくるので、現在月間200万円くらいの純利益を得られています。

2つ目のメリットは、**「月会費で得た資金で、さらに優良な**（高付加価値を持つ）**コンテンツを提供し続けられる」**ことです。つまり、会員にコンテンツをシェアして、月会費収益でまた新しいコンテンツを作り、またシェアする。月会費収益を使ってまたコンテンツを作り、再びシェアするという循環型、あるいは永久機関のようなシステムになっているのです。

■ノウハウのシェアは「利益率の向上」と「自社経営の質の向上」をもたらす

「社労士アカデミア」のようなビジネスモデルは、みなさんでも比較的簡単に構築できるはずです。やることといえば、**「自社が持っているノウハウ」をコンテンツ化して提供する、または、「すでに自社にあるコンテンツ」をシェアするだけでいい**からです。

たとえば飲食業なら、「から揚げのうまい揚げ方」でも、「ラーメンのうまいスープのつくり方」でも何でもいいのです。自分たちが持っているノウハウをコンテンツ化して同業者に提供すれば、そのまま売上になります。しかも、もともと自分たちが持っているノウハウ、経営資源なので原価率が低く（粗利が多く）、その結果「利益率」が上がります。

その利益を再投資して、さらにコンテンツを磨き上げて別のコンテンツを作っていけば、どんどん提供できるコンテンツが増えていきます。

ノウハウのシェアによって、自社の「経営の質の向上」も図れます。

たとえば、自前主義で「このノウハウは、誰にも教えてあげない」と自分たちだけで囲い込んでいると、どのようなことが起きるでしょうか？　もし自社ノウハウが時代遅れのものだったり、何かしらの問題があったりしても、なかなかそれに気づけません。

しかし、自社ノウハウをシェアすれば、それに気づけます。たとえば、あなたが自社ノウハウを同業者にシェアして「うちは、こんなやり方をしているんですよ」と言ったとき、相手側から「いや、うちではそれ、ずいぶん前からやっていることですよ」とか「うちは、それ以外にも、もっとこんな進んだやり方をしていますよ」という情報が入ってくるのです。その情報をもとに自社の経営を改善すれば、経営の質の向上が図れます。

ノウハウをシェアしないで内部に抱え込んでしまうと、いわゆる「井の中の蛙」になってしまいます。パート1で、自分たちで経営資源を抱え込んでしまう「自前主義」の問題点についていろいろな視点で解説しましたが、これも自前主義のひとつの弊害です。

■「マニュアル化」しているものはコンテンツとして販売できる

では、実際に「自社のノウハウをコンテンツ化してシェアする」、または「すでに形になっているコンテンツをシェアする」ビジネスモデル構築のためには、何から始めたらいいのでしょうか？

まずは、**「自社が持っているノウハウ、コンテンツの棚卸し」をして、「商品化できないか？」を検討してみる**ことから始めてみましょう。

ここでみなさんにお勧めしたいのは、**「自社内で使っているマニュアルの商品化」**です。「マニュアル化しているものは原則としてコンテンツとして販売できる」と考えてみるのです。特定業務の「業務マニュアル」や各種ツールの「制作マニュアル」、「顧客対応マニュアル」など、自社内でマニュアル化されているものを洗い出してみましょう。

そもそも自社ノウハウをマニュアル化していないとしたら、それはそれで問題なので、まずはコンテンツ化できそうなノウハウをマニュアル化するところから始めるべきです。

マニュアル化ができたら、知り合いの同業者に「ちょっとこのマニュアル、無料で提供するから使ってみて」と頼んでみましょう。「他社でも自社と同じ成果を得られるかを確認するために、知り合いの会社で試す」のです。つまり、ここでもテストマーケティングを実施します。

そこで、「あそこはもう少し、こうしたほうがいい」「あの部分は必要ないのでは？」などフィードバックをもらい、それを参考にマニュアルを改善していきます。そして「このレベルになれば、商品として販売できるな」という確信が持てた時点で、サービスを開始するのです。「まずは無料で使ってもらって意見を吸い上げ改善し、一定クオリティになってから課金サービス化する」というのが理想的な流れです。

なお、ここでは、その**マニュアルのクオリティに「完璧さ」を求めない**ようにしましょう。

たとえば、私の社労士事務所で作った「人事制度構築マニュアル」を、そのマニュアル通りやって、100％（自社と同じレベル）の効果が出る会社と、70％のレベルしか効果が出ない会社があります。その会社の組織体制や、個々のスタッフの能力やスキル、そのほか、さまざまな要素が会社によって異なるので、どうしても効果に差が生じるのです。

マニュアルのクオリティが100％になるまで練り上げようとすると、かなりの時間がかかってしまいます。そうした差異は仕方ないものと考え、「このマニュアル通りやれば、どんな会社でも約70％のレベルで効果が出るなら、それでOKとする（30％の差は許容する）」と考えることが大事です。そのマニュアルのクオリティが少し下がったとしても、**「汎用的に利用できるマニュアルに改良する」ことが、商品化、コンテンツ化において重要なポイント**です。

■まずは手間ひまがかからない「シェア型」ビジネスモデルから始めてみる

ここまで、「自分たちが持つノウハウをコンテンツ化して、サブスク会員向けにシェアする」というビジネスモデルの特徴やメリット、ビジネスモデル構築のポイントを見てきました。

ここで、読者のなかには、「このビジネスモデルは、いわゆる『情報商材販売』ビジネスと同じようなもの？」と思った人もいるかもしれません。確かに「ノウハウを販売する」という点では共通しているかもしれませんが、このビジネスモデルは、根本的な部分で情報商材販売とは異なります。

「実際にうまくいくかは別として、理論上こうすれば成功する確率が高まるノウハウ」を売るのが情報商材販売のビジネスモデルです。一方、**「自社で実際にうまくいっているノウハウ**（理論と実践に裏付けられたコンテンツ）**を提供し、確実にそれを買った会員・ユーザーの役に立つ」というのが、ここで紹介した「ノウハウシェア型」のビジネスモデル**なのです。

また、本章の冒頭でも述べたように、私がみなさんに提案・提唱したいのは、「コミュニティの要素を軸とした『シェア型』ビジネスモデル」の構築です。「一人が（または1社が）抱えていたらもったいないものを、コミュニティ内で分け合って使いましょう」という「おすそ分け精神」が、このビジネスモデルの重要なコンセプトです。

この「コミュニティ」を軸とする、というコンセプトは、次章のテーマである「コミュニティ&サブスク型」ビジネスモデルにもつながっていきます。「シェア型」ビジネスモデルの発展版が、「コミュニティ&サブスク型」ビジネスモデルと言ってもいいかもしれません。「コミュニティ&サブスク型」は、「シェア型」よりもコミュニティの要素が重要なビジネスモデルだからです。

コミュニティの運用には、それなりの手間ひまがかかります。「シェア型」ビジネスモデルは、「専属SEのシェア」や「社労士アカデミア」のように、シンプルに人材やノウハウハウ、コンテンツをシェアすれば成り立つ、基本的にアフターフォローの必要がないビジネスモデルです。その意味で、まずは「シェア型」ビジネスモデルを構築・展開してみる。それがうまくいったら、「コミュニティ&サブスク型」を構築・展開してみる、という流れでチャレンジしてみるといいかもしれません。

Chapter 7　まとめ

▶「余っている人」と「欲しい人」のマッチングが「シェア型」ビジネスモデルの主軸コンセプト

▶「シェア型」ビジネスモデルを始めるなら、「コミュニティ」の要素を軸として展開すべし

▶「シェア型」は、シンプルに人材やノウハウ、コンテンツをシェアすれば成り立つ、アフターフォローの必要がないビジネスモデルである

▶シェア前提で雇用すれば、すぐに「シェア型」ビジネスモデルがつくれると考えるべし

▶「シェア型」ビジネスモデルは、自社が持っているノウハウやコンテンツの棚卸しをして、「商品化できないか？」を検討することから始めよ

▶最初に「シェア型」ビジネスモデルを展開し、うまくいったら「コミュニティ＆サブスク型」ビジネスモデルを展開する流れがお勧め

Chapter 8

「コミュニティ&サブスク型」ビジネスモデルのつくり方

継続するほど顧客メリットが増大する「コミュニティ&サブスク型」ビジネスモデル

■そもそも「サブスク型」ビジネスモデルとは何か?

ここまで「レンタル型」と「シェアリング型」ビジネスモデルについて解説してきました。最後にみなさんに提案したいのは、「コミュニティ&サブスク型」ビジネスモデルです。

ここで多くの人が、「コミュニティ&サブスク? いわゆるサブスクと何が違うの?」と思ったのではないでしょうか。

「コミュニティ&サブスク型」が、どのようなビジネスモデルかを説明する前に、そもそも「サブスク」がどのようなサービスか、あらためて確認しておきましょう。

「サブスクリプション」、いわゆる「サブスク」とは、商品やサービスを一定期間、定額料金で利用できるサービスです。代表的なサブスクとして、「音楽・動画配信サービス」「電子書籍のサブスクサービス」のほか、家具や家電、服、高級腕時計、ブランド品レンタルなど、「レンタル型」のサブスクサービスなどがあります。また、飲食サービス業界にも「月額○円で食べ放題、飲み放題」といったサブスクサービスが広がっています。

また、「サブスク型」ビジネスモデルを展開するうえでのポイントとしては、「継続利用、高頻度利用したいと思ってもらえる魅力（お得感）をつくる」「初期設計の段階で、確実に継続収益が得られ、黒字化する仕組みを構築する」「顧客・ユーザーと継続的にいい関係性を構築し、長期間にわたって利用者の満足度を高めていく」などがあります。

この「サブスク型」ビジネスモデルの基本をしっかりと理解しておくことで、このあと解説する「コミュニティ&サブスク型」ビジネスモデルについて、より理解しやすくなるはずです。

■コミュニティへの参加で「継続的に得られる価値」が蓄積・増大・拡大していく

本章でみなさんに提唱したいのは、前述した「コンテンツ配信型」「レンタル型」「飲食サービス型」のようなサブスクではなく、「サブスク」に「コミュニティ」の要素を加味した「コミュニティ&サブスク型」ビジネスモデルへの取り組みです。

もちろん、「コンテンツ配信型」や「レンタル型」などのように、シンプルなサブスクサービスを展開するのも、「脱売り切り型」ビジネスモデルに移行する、ひとつの選択肢でしょう。ですが、「コンテンツ配信型」のサブスクは、システム投資が必要ですし、ノウハウを持たない一般の中小企業は簡単に参入できません。また、「レンタル型」や「飲食サービス型」は、現在取り扱っている商品、現行のサービスをすぐにサブスク化できる業種・業態でないと、新規事業として立ち上げるのは、なかなか難しいでしょう。

そこで注目してほしいのが、「コミュニティ&サブスク型」ビジネスモデルです。このビジネスモデルは、「ゼロからでも比較的、簡単に立ち上げられる」というメリットがあります。さらに、しっかりとしたプランと仕組みづくりのもとに開始すれば、あまり手間ひまをかけずに運用でき、軌道に乗せやすいというメリットもあります。

では、「コミュニティ&サブスク型」ビジネスモデルの、顧客・ユーザーにとってのメリットは何でしょうか?

それについては、第5章でも少し触れましたが、顧客・ユーザーにとっての最大のメリットは、「そのサービスを継続利用すればするほど、享受できるメリット（効果・効用）が蓄積・増大・拡大していく」ことです。

ちなみに、「コミュニティ」の要素がない、単なる「サブスク」サービスに共通する顧客・ユーザーの最大のメリットは、「定額料金でサービスを受けられる」という「利便性」や「お得感」です。「コミュニティ&サブスク型」ビジネスモデルには、それだけにとどまらない「プラスアルファの価値」があるのです。

ここで重要な鍵となるのが、「コミュニティ」という要素です。特定のコミュニティに長期間にわたり参加することによって、「継続的に得られる価値」が蓄積・増大・拡大していくのです。

具体的にどんな価値が蓄積・増大・拡大していくのでしょうか？　それは、たとえばつぎのようなものです。

- 「仕事やビジネスに役立つ人脈」が広がっていく
- 「人との出会い」の機会が増えていく
- 特定分野における「知識」「ノウハウ」「スキル」が蓄積されていく
- 仕事に役立つ「コンテンツ」が蓄積されていく
- 「新たなビジネスを創出するチャンス」が増えていく

●「仲間と楽しく過ごす時間、思い出」が増えていく

こうした顧客・ユーザーにとってのメリットは、コミュニティの種類・タイプによっても変わってきます。では、どんなコミュニティの種類・タイプがあるのか？　また、実際にビジネス化できるコミュニティとは、どのようなものかを具体的に見てみましょう。

■ビジネス化できるコミュニティの「6つのタイプ」とは？

「コミュニティ&サブスク型」ビジネスモデルとして展開可能なコミュニティは、大きく分けて、つぎの6タイプに分類されます。

①「ビジネス学習」型
ビジネスに関する特定のテーマ（経営、投資、補助金など）を、参加メンバーとともに学び合うことを目的としたコミュニティ

②「ビジネス人脈」型
参加メンバー同士で仕事や人を紹介し合う、交流会を開催するなど、ビジネスに役立つ

●コミュニティの６タイプ●

①「ビジネス学習」型	②「ビジネス人脈」型	③プロジェクト型
ビジネスに関する特定のテーマ（経営、投資、補助金など）を、参加メンバーとともに学び合うことを目的としたコミュニティ	参加メンバー同士で仕事や人を紹介し合う、交流会を開催するなど、ビジネスに役立つ人脈づくりを目的としたコミュニティ	みんなで一緒に「新しいプロジェクトを立ち上げ、運用する」ことを目的としたコミュニティ

④「プライベート・趣味」型	⑤「プライベート・ご縁」型	⑥「ファンクラブ」型
ビジネスに関する特定のテーマ（経営、投資、補助金など）を、参加メンバーとともに学び合うことを目的としたコミュニティ	参加メンバー同士で仕事や人を紹介し合う、交流会を開催するなど、ビジネスに役立つ人脈づくりを目的としたコミュニティ	みんなで一緒に「新しいプロジェクトを立ち上げ、運用する」ことを目的としたコミュニティ

人脈づくりを目的としたコミュニティ

③「プロジェクト」型

みんなで一緒に「新しいプロジェクトを立ち上げ、運用する」ことを目的としたコミュニティ

④「プライベート・趣味」型

音楽、ダンス、ものづくりなど、特定の趣味を楽しんだり習ったりすることを目的としたコミュニティ

⑤「プライベートご縁」型

「街コン」「婚活」イベントのサークルなど、友達・恋人・結婚相手との出会いを目的としたコミュニティ

⑥「ファンクラブ」型

特定の有名人・著名人のファンたちが集い、情報交換・交流を図ることを目的としたコミュニティ

こうしたコミュニティを立ち上げてビジネス化しようと思ったら、誰でもすぐに始めやすく、かつ運用しやすいのは、②「ビジネス人脈」型と、⑤「プライベートご縁」型でしょう。これらは、「人と人の出会いの場を提供する」というのがコンセプトであり、何か特定の「コンテンツ」や「売りもの」を用意する必要がないからです。

この2つのコミュニティの構築・運営におけるポイントは、「参加メンバーをどのような属性に絞り込むか」と「集まった人たちを、どうマッチングさせるか」です。

①「ビジネス学習」型コミュニティも、学習コンテンツを用意する必要がありますが、ある程度の専門知識とスキルを持っていれば、それを生かせばいいだけなので、未経験者でも比較的、構築・運用しやすいかもしれません。

ポイントは「そこで具体的に何が学習できるのか？」というテーマ選定です。

たとえばいまなら、「NFT」や「メタバース」などが人気のテーマです。「いま多くの人が学びたがっているテーマは何か？」をしっかりと吟味しましょう。テーマ選定を誤

ってしまうと、その瞬間に「ビジネスモデルとしての失敗」が決定してしまうので、要注意です。

ちなみに、実業家の堀江貴文氏は、複数のコミュニティ（オンラインサロン）を運営していますが、それらは「ビジネス人脈」型の要素も、「プロジェクト」型、「ファンクラブ」型の要素も持っています。重要なのは、どの要素をどう組み合わせて、独自のコミュニティ、ビジネスモデルを構築するかです。

まずは、ここで説明したコミュニティの「6つのタイプ」を頭に入れたうえで、このあと解説する「コミュニティ&サブスク型」ビジネスモデルの事例紹介と実践のポイントを読み進めてください。きっと、「自分ならどんな『コミュニティ&サブスク型』ビジネスモデルが展開できそうか？」のイメージが湧きやすくなるでしょう。

本章では、多くの人が実践しやすいであろう、①「ビジネス学習」型と、②「ビジネス人脈」型について解説していきます。

学びとコンテンツが蓄積されていく「ビジネス学習」型コミュニティ

■誰でも補助金申請のプロになれる「士業・経営コンサルタント向けオンラインサロン」

ここからは、いま実際に私が運営・プロデュースしている「ビジネス学習」型と「ビジネス人脈」型のビジネスモデルをいくつか紹介します。具体的なサービス内容などを紹介しながら、各ビジネスモデルの特徴や運用におけるポイントを解説します。

最初に紹介するのは、「ビジネス学習」型コミュニティを主軸としたビジネスモデルです。

「ビジネス学習」型コミュニティの目的は、ビジネスに関する特定のテーマについて、メンバーとともに学び合い（場合によっては、助け合い）、**ともに成長していくこと**にあります。

そのうちのひとつが、士業や経営コンサルタントを対象とした「補助金申請業務」のサポートに特化したオンラインサロンです。

士業や経営コンサルタントは、顧客から「補助金申請をしたいのですが、申請書類作成など専門的なことはよくわからないので、サポートしてもらえませんか？」という相談・依頼を受けることがよくあります。

ところが、そうしたオファーを受けても、実際に補助金申請の書類を作れない士業や経営コンサルタントが多くいます。この「補助金申請オンラインサロン」は、そうした士業や経営コンサルタントの誰でもが、顧客の補助金申請のサポートを簡単にできるよう支援することを目的としたコミュニティです（会員数の上限は１００名）。

入会して月額１万５０００円を払うと、会員はつぎのような特典が得られます。

① 「補助金申請初心者でも申請ができる仕組み」を提供してもらえる
② 「補助金申請のセミナーや営業にすぐ使える各種ツール」を提供してもらえる
③ 「タイムリーに更新される最新の補助金関連情報」を提供してもらえる

なかでも、①のサービスが大変好評です。ここでいう仕組みとは、「誰でも補助金申請のプロになれるパッケージ」と言ってもいいかもしれません。具体的に説明しましょう。

このパッケージでは、たとえば申請書に記載する「事業計画書」などの文書の「ヒアリングシート（テンプレート）」を、穴抜きで作ってあります。ここに直感的に文字を埋めていくだけで、誰でも簡単に、申請・審査に必要な項目を網羅した文書を作れるのです。

〈ヒアリングシート例〉

弊社は○○年に、○○（設立者）が○○（地域）に創業した○○を中核事業とする会社です。それ以外にも○○などの事業を行なっています。店名は○○で、○○（所在地）に構えており、○○（最寄り駅やランドマーク）から徒歩○分の位置にあります。店舗の広さは○㎡、座席数は○○です。営業時間は月○○時間で、営業日は○○となっております。当店では○○（顧客属性）がおもな客層です。スタッフは現在○名が在籍しております。

補助金ごとに、このようなヒアリングシートを用意し、加えて、各補助金についての説明資料や、講座・セミナーや営業で使える提案書など、各種ツールを提供しています。「ビジネス学習」型コミュニティでは、誰でも簡単に習得できて、しかもすぐに実践できるノウハウやコンテンツを提供することが大切です。

また、会員が顧客から補助金申請サポートのオファーを受けたときのために、①ご紹介後お任せプラン、②事業計画書作成プラン、③チェックバックプラン、という3つのプランを用意しています。

①は、「その補助金申請ができる専門家を、事務局がサロン内で探して紹介する」というものです。もし適任者がいない場合は、事務局で対応するシステムになっています。

②は、前述のヒアリングシートを会員または会員の顧客側で記入。それを事務局に提出すれば、事業計画書の作成や制度説明、必要資料の送付などについて、事務局側で対応するというプランです。

③は、会員側で申請書や事業計画書を作成してくれれば、事務局側でチェックとアドバイスのみ行ないます、というプランです。

このように、いろいろなプランを用意して、会員の多様なニーズに応えられるようにしておくことが大切です。

会員はここで説明した機能やツールを月額1万5000円で提供してもらえるため、補助金申請の経験がない人でも、あまりコストをかけずに、簡単に補助金申請業務をサービスのひとつとして組み入れられるのです。

■メンバー全員が利益享受できる仕組みとは？

この「補助金申請オンラインサロン」は、私（事務局側）主導で物事を進めるのではなく、「メンバーみんなで話し合いながら、サロンを運用・成長させていきましょう！」という自立性を重視したコンセプトで運用しています。

この自立型サロンによる決議事項として、つぎのような項目を定めています。

- 「パッケージ化する補助金・法認定」を決議する
- 当サロンへの「新規参加者の許可」を決議する
- 「収益プール資金の使途」を決議する
- その他「メンバーからの発議事項」を決議する

ちなみに、当サロンで、すでにパッケージ化している補助金・法認定として、「小規模事業者持続化補助金」「ものづくり補助金」「IT導入補助金」「事業再構築補助金」「経営革新計画」「経営力向上計画」「早期経営改善計画策定支援事業」という7つがあります。

これ以外の補助金・法認定についても、顧客から「パッケージ化してほしい」というニーズがあれば、サロン内で話し合ってパッケージ化し、外部にパッケージ販売します。たとえばメンバーの誰かが、「農業系の補助金をパッケージ化したい」と考え、「こんな補助金をパッケージ化したいのですが、一緒にやりたい人はいませんか？」とプロジェクトメンバーを募り、その人たちで一緒にコンテンツをつくって外部に販売するのです。参加したメンバーには、貢献度に応じて利益を分配するシステムです。

では、「プロジェクトメンバーだけにメリットがあるのか？」というと、そうではありません。パッケージ化されたコンテンツは、サロンメンバーなら誰でも使える（売れる）ので、会員になってさえいれば、全員が利益を享受できるのです。

会費は月額たったの1万5000円ですが、コミュニティへの参加を継続すればするほど、自分が販売できるコンテンツがどんどん増えていきます。コンテンツが増えるのは、実は特定の頑張っている人のおかげです。にもかかわらず、そうでない人も使えるコンテンツが蓄積されていくのが、当コミュニティ参加者にとっての大きなメリットです。

また、当サロンへの参加希望者は、「もし会員になったら、どういったことをサロンメンバーに貢献できるのか」をプレゼンしてもらい、「メンバー全員の投票結果で、過半数に達する反対者がいなければ参加を許可する」というルールも導入しています。そのほか、随時メンバーからの発議事項を事務局で取りまとめて、投票・決定します。

「補助金申請を起点に、自社の事業をどのようにつくっていくのかについて、みんなで考えよう」「自分たちで、当サロンをどう運営すればいいのか？　を考えて、よりよい組織にしていこう」というのがこのサロンのモットーです。

■みんなでM&Aを勉強して実際にM&A案件に参加する、「学習」＋「プロジェクト」型コミュニティ

私はいま、「補助金申請オンラインサロン」以外にも、新たな学習型のコミュニティの立ち上げを計画しています。長年にわたって「スモールM&Aの勉強会」を主宰してきたのですが、当コミュニティはその発展形です。

私は個人的に1000万円から3000万円くらいの金額で特定の事業を買い、バリューアップさせて、数年以内に4000万円くらいで売却することが多いのですが、このコミュニティは、そのM&Aの「おすそ分け」的な発想で考えたものです。

つまり、コミュニティメンバーにも私のM&A案件に参加してもらい、一緒に新規事業を買って株主になってもらったり、売却時に利益の一部を分配したり、事業参画、資本参加してもらうなかで、M&Aの実務体験をしてもらうのです。

今後このようなコミュニティを、M&A案件ごとに展開していこうと考えています。「M&Aを一人でやるのは、ちょっと不安」という人も、これなら気軽にM&Aの疑似体験ができます。

このビジネスモデルは、「学習」だけにとどまらず、実際にM&Aというプロジェクトに参加するという要素もあるので、ある種の「プロジェクト」型コミュニティサービスと位置づけてもいいかもしれません。

■「宵越しの金は持たない！」がコンセプトの「投資学習型コミュニティ」

もうひとつ紹介しておきたい「ビジネス学習」型ビジネスモデルがあります。私が主宰・運営している「サークル形式で投資を学び、投資を楽しむコミュニティ」の運営です。この「投資学習・体験型コミュニティ（以下、投資コミュニティ）」の概要を簡単に説明しておきましょう。

〈「投資コミュニティ」の概要〉

①会員は、月会費1万円で、2週間に1回開催する「投資に関する勉強会」に参加できる

②全会員の月会費を資金にして、実際に投資をする
・「投資対象を何にするか」は参加者で意見を出し合い、相談のうえ決定する
・投資によって得られた利益は、「参加者全員で共有できる経験（飲食・旅行・娯楽など）」に使う

ちなみに勉強会は、毎回「時価総額、約100億円以下の日本企業」「時価総額、約300億円以下の米国企業」といったテーマや、「中国株」「イギリス株」のように世界各国の株にテーマを絞って勉強します。

この「投資コミュニティ」のユニークな点は、③の「全会員の月会費を資金にして、実際に投資をする」ことです。個々の会員の月会費を集めて（会員100人なら100万円）、コミュニティメンバーで「この100万円を何に投資するか？」を話し合い、実際に投資します。そして、6か月後に精算して、そこで出た利益を使ってみんなで食事や旅行したり、レジャーを楽しむのです。

ここでひとつ、このコミュニティとしてのルールがあります。それは「投資で得た利益は全額使い切る」というルールです。「宵越しの銭は持たない！」「投資の儲けを使って、

みんなで楽しい体験・思い出づくりをしよう」というのが、このコミュニティの裏コンセプトなのです。

つまり、この「投資コミュニティ」は、仲間と意見交換するなかで得られる「学び」とともに、仲間との「共有体験」を持つことに重きを置いているのです。このように、「学び」とともに、「仲間との共有体験を持つ」という要素を加味することで、コミュニティに新たな価値が生まれるのです。

ちなみに、この「投資コミュニティ」は男性を対象としたものですが、いまこれと同じようなコンセプト・仕組みの「女性を対象とした投資コミュニティ」も運営しています。みんなで投資について学び合い、投資によって得られた利益は、「自分へのご褒美として、美容エステや高級レストランに行って使う」というものです。

この「投資コミュニティ」は、そもそも営利目的のコミュニティではないので、運営事務局は手数料を取りません。

「運営側が手数料を取らないと、手間ばかりかかって儲けが出ないのでは？」と思うかもしれません。ですが、「コミュニティ&サブスク型」ビジネスモデルの目的は、そこで直接的な収益を上げて儲けることではありません。重要なのは、コミュニティをつくることによって、たくさんの人が集まり、その人たちがサービスを継続利用してくれ、「よりよい関係」が得られることです。

ですから、「コミュニティ&サブスク型」ビジネスモデルを、大きな利益を生み出す主力事業として展開するのではなく、利益を追求する本業は、別に展開するべきです。むしろ「コミュニティ&サブスク型」ビジネスは、「多大な営業コストをかけずに人脈が広がり、本業の集客につながる事業」と位置づけるべきでしょう。

実際に私が運営しているコミュニティは、どれも「あまりコストをかけずに（むしろ安定した儲けを出しながら）、本業のための営業活動をしているようなもの」と割り切って考えています。

最後に、「ビジネス学習」型コミュニティの構築における、実践のポイントをまとめておきます。

- 「ビジネス学習」型コミュニティでは、誰でも簡単に習得できて、しかもすぐに実践できるノウハウやコンテンツを提供することが大切
- いろいろなプランを用意し、会員の多様なニーズに応えられるようにすべし

- コミュニティ運用に「自立性」を持たせることで、コミュニティの成長を促すことが重要
- 会員になってさえいれば、「誰もが利益を享受できる仕組み」をつくるべし
- 「学習」型ビジネスモデルに工夫を加えれば、「プロジェクト」型ビジネスモデルに発展させることも可能
- 「学び」とともに、「仲間との共有体験を持つ」という要素を加味することで、コミュニティに新たな価値が生まれる
- コミュニティにとって重要なのは、そこにたくさんの人が集まり、サービスを継続利用してくれ、「安定した継続収益」が得られることである

ここで紹介した事例と実践のポイントを参考に、みなさんも自分たちなりの「ビジネス学習」型ビジネスモデルを構築してみてはいかがでしょうか。

飲食ビジネスの常識を大きく変えたビジネスモデル

■会員権をNFTで発行、「バーのオーナー」になれる新・飲食ビジネスモデル

つぎに紹介するのは「飲食店経営」を主軸とした「ビジネス人脈」型ビジネスモデルです。これは、さほど「人脈づくり」に特化したモデルではありませんが、「オンラインサロン」的な機能を持たせているため、「ビジネス人脈」型に分類することにします。

序章でも述べたように、私はいま、現場のオペレーションをアウトソーシングして、飲食店（バー）を複数軒経営しています。

「立葵バー」モデルと呼んでいるこの事業は、大勢の会員（上限200人・おもに会社経営者）が少しずつお金を出し合って店舗運営をする「共同オーナー制」が特徴です。会員（共同オーナー）になりたい人には、最初に約3万円で「会員権」を購入してもらい、月会費約

5000円を払ってもらうシステムです。

会員権を買ってくれた人は、「私は立葵というバーを持っているんです」「ここは、私がオーナーをしているバーなんです」と、知人や友人に公言していいことになっています。つまり、会員になれば「月額5000円でバーのオーナーになれる」という、新しい形のサブスク型ビジネスモデルなのです。

「立葵バー」モデルにおける会員にとってのメリットは、なんといっても、普通なら簡単に実現できない、「バーのオーナーになる」という夢を手軽にかなえられる点です。経営者の多くは、「いつかは飲食店のオーナーになってみたい」という夢を持っています。「立葵バー」モデルでは、そんな彼らの夢をかなえ、人によっては自己顕示欲を満たせるのが、会員にとっての最大のメリットです。

ちなみに、この「立葵バー」モデルには、いままでにない新しい仕組みが、もうひとつあります。それは、会員権を「NFT」で発行することです。「NFT」とは、近年急激に取引量が伸びている「非代替性トークン」で、データの所有権などデジタル世界における権利を記録できるデジタル資産のことを指します。会員権をこの「NFT」で発行することで、会員は会員権の転売が容易にでき、そこで収益を得られることもひとつのメリットです。

■「オンラインサロン機能」を持たせたコミュニティの仕組み

では、「立葵バー」モデルにおいて、「コミュニティ」という要素はどこにあるのでしょうか?

このビジネスモデルにおける「コミュニティ」の要素は、会員権を取得してバーのオーナーになると、会員たちが集まるオンラインの「経営者向け勉強会」や会員同士の「交流会」に参加できることです。勉強会では、「NFT」や「メタバース」など、毎回、経営やビジネスに役立つテーマを設定して学びます。

交流会は「経営者同士のマッチング」を目的として開催しているので、そこで人脈が広がり、新しいビジネス展開のきっかけが増えていきます。つまり、「立葵バー」モデルには、ビジネス人脈が広がる「オンラインサロン」の機能があるのです。

また、月額約5000円の会費には、「立葵バー(現在、国内に10店舗)で、月1回飲み放題」という特典も含まれています。自分がオーナーになっているバーに足を運べば、そこでスタッフやお客さんたちと交流を深められます。つまり、やり方次第では、オーナー自らがコミュニティリーダーとなって、バーという場をベースに独自のコミュニティをつくって運用できるチャンスがあるのです。

このようにオンラインサロン（勉強会や交流会）への参加を通して、ビジネスにとってプラスになる情報やノウハウが得られ、人脈を広げられ、自らがコミュニティを創造していけるのが、このビジネスモデルの特徴です。

ここまで説明した「立葵バー」モデルの特徴を整理しておきます。

立葵バーモデルの特徴

- 会員（共同オーナー）になりたい人には、最初に約3万円で「会員権」を購入してもらい、月会費約5000円を払ってもらう
- 会員権を買ってくれた人は、自らを「立葵バーのオーナー」と名乗れる
- 会員権は、「NFT（非代替性トークン）」で発行する
- 会員になると、「経営者向け勉強会」や「オーナー同士の交流会」などのコミュニティ（オンラインサロン）に参加できる
- 「月1回、店舗で飲み放題」の特典があるので、店舗をベースに独自コミュニティをつくることも可能

■飲食店経営の常識を覆す「出店前に初期コストを回収する」ビジネスモデル

では、ビジネスモデルとして見た場合、「立葵バー」モデルのどこに経営側のメリットがあるのでしょうか？

最大のメリットは、会員から入会金約3万円と月会費約5000円を払ってもらうため、

①開業にかかる初期コスト（店舗改装費用など）の回収ができる

②月々の安定した収益の維持が可能

となり、最初から損益分岐点を超えた状態で事業を開始できることです。

サブスク型ビジネスモデルは、「ビジネスモデルの初期設計の段階で、確実に黒字化する仕組みを考えてからスタートさせる」ことが大切だと述べました。この「立葵バー」モデルは、最初から確実に黒字化する仕組みを構築しているのです。

従来、飲食店経営は、「初期コスト（開業費用）の回収に、非常に時間がかかる」「月々のランニングコストを回収し、利益を出す売上を立てるのが大変」という点がネックでした。

それが、このビジネスモデルでは、そうした心配がなく、最初から事業の成功が担保された状態でスタートできる点が最大の魅力です。

この「立葵バー」モデルが、これまでの飲食店経営の常識を大きく変えたのです。

■ 成功させるのが難しい「オンラインサロン」を安定運営できるというメリット

前述したように、「オンラインサロン」の機能を持っていることも、このビジネスモデルの特長です。

最近はオンラインサロンの運営が注目を集め、ビジネストレンドになっていますが、オンラインサロンは、実は成功させるのが難しいビジネスモデルです。立ち上げることは比較的簡単にできますが、継続運営して、会員にとっての価値を生み出し続け、しかも収益化していくのは簡単ではないのです。

たとえば情報提供型のサロンの場合、つねに会員にとって有益な情報を継続的に提供する必要があります。また、会員同士の交流を重視するサロンなら、マッチングの仕組みを工夫し続けなければなりません。つねに新しいアイデアをひねり出しながら運営しないと継続できませんが、いざやってみると意外に手間ひまがかかるので、実際にはなかなかうまくいかないのです。

この「立葵バー」モデルでは、「月額わずか約5000円で、オーナー顔ができるバーで飲めて、勉強会や交流会にも参加できる」という高付加価値を、ほとんど運営側の手間ひまをかけずに提供しています。そのため、あまり苦労することなく、継続的に安定したオンラインサロン運営ができる点が、経営側にとっての大きなメリットです。

「コミュニティ&サブスク型」ビジネスモデルの、顧客・ユーザーにとっての最大のメリットは、「継続利用すればするほど、享受できるメリット（効果・効用）が増大していく」ことだと述べました。その意味でこの「立葵バー」モデルは、顧客・ユーザーにとっても継続利用するメリットがあり、経営側にとっても失敗するリスクの低いビジネスモデルなのです。

現在、東京、大阪、フィリピンに店舗が広がっていますが（全6店舗）、この「立葵バー」モデルは、「飲食店経営で収益を得よう」という目的で始めたものではありません。一番の目的は、「実験的に、新しい『コミュニティ&サブスク型』ビジネスモデルを立ち上げて、それを世の中に広げていきたい」ということです。そのため、「私も『立葵バー』モデルを運営してみたい」という人には、どんどんノウハウを伝授し、海外在住の人も含めて開業・運用支援をしています。

いま多くの人々は、オンラインサロンを始めとするコミュニティ型サービスの広がりとともに、「特定のコミュニティに属するためにお金を払う」ことに対し、抵抗がなくなってきています。これからは、こうした「コミュニティ」と「サブスク」の要素が一体となったビジネスモデルが、ますます広がっていくでしょう。

最後に、「ビジネス人脈」型ビジネスモデル構築における、実践のポイントをまとめておきます。


「ビジネス人脈」型ビジネスモデル構築の実践ポイント

- 「私は〇〇のオーナーです」と言えるような、強い入会モチベーションを喚起する仕組みをつくることが重要
- 会員権を「NFT」で発行するなど、会員が収益を得られるメリットを用意することも大切
- サービス開始前に初期コストを回収し、最初から確実に黒字化する仕組みを構築するべし
- 「〇〇が趣味の人」「〇〇を通して、会員同士で交流を図りたい人」という限定した

属性に絞ったコミュニティをつくり、勉強会や交流会などを開催するのがポイント

- 「特定の趣味コミュニティ×ビジネス」で、新たな価値が創出されることを目指すべし。その価値をつくり出すために、「マッチングとコラボレーションが生まれる仕組みをつくる」ことが最重要課題

ここまで、私の取り組み事例を中心に、「ビジネス学習」型と「ビジネス人脈」型ビジネスモデルの特徴や実践のポイントを見てきました。

冒頭でも述べましたが、「コミュニティ&サブスク型」ビジネスモデルでは、「そのサービスを継続利用すればするほど、享受できるメリット(効果・効用)が蓄積・増大・拡大していく」ことが、顧客・ユーザーにとっての最大のメリットです。「自分もコミュニティ&サブスク型のビジネスモデルを始めてみよう」と思っている人は、まずはそのことを念頭に置いて、新しいサービスを企画・構築することをお勧めします。

「コミュニティ＆サブスク型」ビジネスモデルで、「ともに新たな価値を創造していく」

■月額課金の売上で「高付加価値のコンテンツ」を提供し続ける

本章の最後に、「コミュニティ＆サブスク型」ビジネスモデルをつくるうえでの重要ポイントを解説しておきます。

まず、「コミュニティ＆サブスク型」ビジネスモデルの、企業側にとってのメリットを再度整理してみましょう。

①ゼロからのスタートでも比較的つくりやすい

②しっかりとしたプランと仕組みづくりのもとに開始すれば、あまり手間ひまをかけずに運用でき、軌道に乗せやすい

③初期設計の段階で、確実に黒字化する仕組みを考えてからスタートすれば、安定した「継

続収益」が得られる
③成功させるのが難しい「オンラインサロン」を安定運営しやすい
④「自律型」機能を導入すれば、コミュニティが自然に発展・拡大していく可能性がある
⑤本業の顧客獲得につながる「営業活動」の一環として効果的

では、こうしたメリットを最大化させ、「コミュニティ＆サブスク型」ビジネスモデルを成功させる秘訣は何でしょうか？　答えはシンプルで、「一度、入会してもらった顧客・ユーザーに、できるだけ長期間、会員登録を継続してもらう」こと、つまり「途中で辞めさせない」ことです。そのためには、会員に、「つねに高付加価値を持ったコンテンツ、サービスを提供し続けること」が非常に重要です。

たとえば「ビジネス学習」型などコンテンツ提供型のコミュニティなら、月額課金の売上を使って、会員につねに高付加価値を持ったコンテンツ、サービスを提供し続けることで、そのコミュニティはさらに活発化・最大化し、結果として安定した継続収益を得られます。

「月額〇円で、食べ放題、飲み放題」もサブスクのひとつの手法ですが、単に月会費を払

ってもらい、毎月同じようなメニューやサービスを提供しているだけでは、よほどそのメニューやサービスに魅力がない限り、お客さんは途中で来店しなくなります。そして、「月々この金額を払うのはもったいないないな」と思い、サブスク登録をやめてしまうのです。

そこにプラスアルファの「コミュニティ」という要素を加え、時間の経過とともにメリットが増大していくという付加価値を提供すると、顧客・ユーザーは継続利用してくれます。それが「コミュニティ&サブスク型」ビジネスモデルが持つ優位性です。

■プラスアルファの要素がない「飲食業のサブスク」は成り立たない

では、飲食サービス業のサブスクサービスはやめたほうがいいのか？　というと、そういうわけではありません。

飲食サービス業における一般的なサブスクサービスは、「先にお金を払っているんだから、毎月、頻繁にお店に来てくださいね（来ないと損しますよ）」という、なかば「強制的なリピート施策」です。強制的なリピート施策を展開するためには、まずはお客さんが毎月定額を払っても通い続けてくれるようなメニュー、サービスの魅力を最大限高めてからやるべきです。

ところが、一般的な飲食業では、そうした作業を怠ったまま、いきなりサブスクを始めてしまいます。だからうまくいかないのです。

ではどうしたらいいのでしょうか？

飲食サービス業でサブスクを展開しようと思ったら、「提供メニューが月替わりします」「毎月、特別メニューを用意します」など、何かしら付加価値をつければいいのです。

「立葵バー」では、料理は月替わりにしているほか若い俳優たちがスタッフとして働いていて、彼らがちょっとした演劇やショーを開催していて、それを目当てに来店するお客さんも数多くいます。そうした「エンタメ要素」も含め、何かしらプラスアルファの要素がないと、飲食サービス業のサブスクを成功させるのは難しいでしょう。

「コミュニティ&サブスク型」ビジネスモデルの強みは、企業側にとっても顧客・ユーザー側にとっても、そこに何か「蓄積されていく要素」、つまり「発展性」が存在することです。そういうビジネスモデルであるからこそ、「途中でやめてしまうと、せっかく蓄積されたものが、ムダになってしまいますよ」「このサービスから抜けてしまうと、損失が大きいですよ」と、サービス、コミュニティから抜けることによるデメリットを顧客・ユーザーに提示することも、運用上の重要なポイントでしょう。

■顧客・ユーザーの「囲い込みコンセプト」を吟味・検討する

「コミュニティ&サブスク型」ビジネスモデルでは、顧客・ユーザーの囲い込みのコンセプトが重要です。冒頭で解説したように、このビジネスモデルとして展開可能なコミュニティは、「ビジネス学習」型、「ビジネス人脈」型、「プロジェクト」型、「プライベート・趣味」型、「プライベートご縁」型、「ファンクラブ」型の6つがあります。

自社のサービスによって囲い込もうとしている顧客・ユーザーは、どういう属性を持った人なのか、どういう人たちをどういうコンセプトで囲い込むのか。その定義づけ、すなわち「初期設定」が非常に重要です。顧客・ユーザーは「何を目的として、どのようなモチベーションを持って、自社サービスに登録してくれるのか？」ということを突き詰めて考えなければなりません。

また、競合他社が展開するほかのコミュニティとの「差別化」を図ることも重要課題です。単に、「こんなテーマでコミュニティの場をつくれば、参加希望者が集まって、みんなで仲良くやってくれるだろう」という安易な発想では、成功は程遠いでしょう。

また、「成功するコミュニティ」の構築においては、そのコミュニティへ参加することが、顧客・ユーザーにとって「暇つぶしになるか？」も重要な要素です。

「コミュニティ&サブスク型」ビジネスモデルを展開しようと思うなら、「SNS、スマホよりも、さらに楽しく暇つぶしできるコンテンツやサービス」を提供することも、「成功の鍵」となるでしょう。

■「利益拡大」は求めるな！　利益が出たら会員に「還元」すべし

最後に、ぜひこれだけは知っておいてほしい、「コミュニティ&サブスク型」ビジネスモデルを展開するうえでの「重要なコンセプト」を述べておきます。

先に、「『コミュニティ&サブスク型』ビジネスモデルの目的は、直接的な収益を上げて儲けることではない。重要なのは、コミュニティによって、たくさんの人が集まり、継続利用してくれ、『安定した継続収益』が得られること」だと述べました。また、「『コミュニティ&サブスク型』ビジネスモデルは、多大な営業コストをかけずに人脈が広がり、本業の集客につながる事業と考えるべき」だとも言いました。「コミュニティ&サブスク型」ビジネスモデルを展開するときには、この考え方が非常に重要です。

「コミュニティ&サブスク型」ビジネスモデルを、「利益を得るための主力事業にすべきではない」「利益を追求するなら、やらないほうがいい」というのが私の考えです。

もちろんビジネスですから、「確実に儲かる仕組み」をつくり、「事業を黒字化させること（赤字にならないこと）」は必須ですが、このビジネスモデルの目的は、儲け（利益）を拡大させていくことではないのです。

「コミュニティ&サブスク型」ビジネスモデルでは、「利益を出そうとしない。もし利益が出たら、登録会員に還元する」というのが、私なりの理念です。

前述したように、私が主宰する「投資コミュニティ」では、「宵越しの銭は持たない！」「投資の儲けを使って、みんなで楽しい時間を過ごそう！」というのがコンセプトです。

ここに「コミュニティ&サブスク型」ビジネスモデルの本質があります。サービス提供側も、コミュニティ参加側も、直接的な利益を求めるのではなく、「ともにコミュニティを楽しみ、コミュニティをよりよいものに発展させていく」ことが大切なのです。

そして、コミュニティという場を通して、ともに「新たな価値」を創造していくこと、それによって、間接的に大きな利益が生まれる可能性が広がること、それがこのビジネスモデルの根幹を成す、もっとも重要な意義なのです。

そのことをもう一度心に留めて、ここで紹介した事例と事業展開のヒントを参考に、「コミュニティ&サブスク型」ビジネスモデルに挑戦してみてください。

Chapter 8　まとめ

▶「コミュニティ＆サブスク型」ビジネスモデルの強みは、企業側と顧客・ユーザー側双方にとって「蓄積されていく要素」「発展性」が存在することである

▶「コミュニティ＆サブスク型」ビジネスモデルはゼロからのスタートでも比較的つくりやすく、プランと仕組みがしっかりしていれば、手間ひまかけずに運用できる

▶「コミュニティ＆サブスク型」ビジネスモデルは、成功させるのが難しい「オンラインサロン」を安定運営しやすい

▶「コミュニティ＆サブスク型」ビジネスモデルの目的は直接的な収益ではない。「安定した継続収益」が得られ、営業コストをかけずに人脈が広がり「本業の集客」につながる事業と考える

五味田匡功（ごみた　まさよし）
経営コンサルタント。2007年、会計事務所在籍中に社会保険労務士・中小企業診断士に同年度に合格。会計事務所内での社内ベンチャーとして社労士事務所を立ち上げ、その後独立。Wライセンスを活かし人事・労務設計と共に、ビジネスモデルの改善もサポートすることで関西でも有数の社労士事務所に成長させる。船井総研が主催する社労士による投票で３年連続最も活躍した社労士に選出され表彰される。2020年３月には自ら立ち上げた社労士事務所を事業承継し引退、同時に42年の歴史がある株式会社クリエイトマネジメント協会を承継する。承継を「する側」「される側」両者の経験を活かして、新しい承継モデル「ネクストプレナー」を立案し、日本最大の税理士事務所である辻・本郷税理士法人との共同事業として国、地方公共団体、金融機関と連携しながら普及に邁進している。社労士事務所のほかにも、コンサル、飲食、EC、旅行など11社を経営する。著書に『急成長を実現する！　士業の営業戦略』（日本法令）、『会社を買って、起業する。』（日本実業出版社）、『行職員のための 地域金融×サステナブルファイナンス入門』（経済法令研究会）がある。

低《てい》リスク・高《こう》スピードで儲《もう》けを生《う》み出《だ》す

脱《だつ》・所有経営《しょゆうけいえい》

2023年３月20日　初版発行

著　者　五味田匡功 ©M.Gomita 2023
発行者　杉本淳一

発行所　株式会社日本実業出版社　東京都新宿区市谷本村町３−29 〒162-0845

編集部　☎03-3268-5651
営業部　☎03-3268-5161　振　替　00170-1-25349
https://www.njg.co.jp/

印刷／理想社　　製本／共栄社

ISBN 978-4-534-05995-6　Printed in JAPAN